BÖHLAU PHILOSOPHICA 8

THOMAS LINK

ZUM BEGRIFF DER NATUR IN DER GESELLSCHAFTSTHEORIE THEODOR W. ADORNOS

1986
BÖHLAU VERLAG KÖLN WIEN

CIP-Kurztitelaufnahme der Deutschen Bibliothek

Link, Thomas:
Zum Begriff der Natur in der Gesellschaftstheorie Theodor W. Adornos / Thomas Link. – Köln; Wien: Böhlau, 1986.

(Böhlau philosophica; 8)
ISBN 3-412-04186-6

NE: GT

Gesamtherstellung: Hans Richarz Publikations-Service, Sankt Augustin

Printed in Germany
ISBN 3-412-04186-6

Meiner Familie sowie Eva
Katja gewidmet

Jehovah, der bärtige und sauertöpfische Gott, gibt seinen Verehrern das erhabenste Beispiel idealer Faulheit: nach sechs Tagen Arbeit ruht er auf alle Ewigkeit aus.

Paul Lafargue

Versuchen Sie, sich umzubringen! Wenn Sie Pech haben und es Ihnen nicht auf Anhieb gelingt, werden die idiotischen Lebenden alles daran setzen, Sie wieder ins Leben zu zerren, und Sie zwingen, ihre Scheiße mit ihnen zu teilen.
Ich weiß, daß manche Augenblicke im Leben glücklich erscheinen - das ist eine Sache der Stimmung, wie der Verzweiflung. Auf beides ist kein Verlaß. Das Ganze ist ein widerliches Provisorium. Der Selbsterhaltungstrieb ist eine Sauerei.

Chaval

INHALTSVERZEICHNIS

EINLEITUNG 1

1 KATEGORIEN DER VERMITTLUNG 6

1.1 Der Blick auf die Totalität 10

Exkurs: Identifizierung als Zwang 17

1.2 Das Tauschprinzip 20

1.3 Die Begründung des Scheins im Tausch 30

2 DIE IDEE DER NATURGESCHICHTE 33

2.1 Zur Kritik der Ontologie 33

2.2 Zum Begriff des "Mythos" 34

2.3 Die Idee der Naturgeschichte 41

2.3.1 Rekurs auf Lukacs 43

2.3.2 Benjamins Begriff der "Vergängnis" 47

3 ZUM STRUKTURMODELL FREUDS 52

3.1 Es 53

3.2 Ich 55

3.3 Über-Ich 59

3.4 Kulturtheorie und Normalität 61

4 ZWEITE NATUR 66

4.1 Begriff oder Theorie 66

4.2 Narzißmus ohne Ego 70

Exkurs: Über eine "Epidemiologie der Gesundheit" 76

4.3 Beherrschung äußerer Natur 80

Exkurs: Ökosystemologie 84

5 ERSTE NATUR 86

5.1 Negative Anthropologie? 86

5.2 Erkenntnistheorie versus Anthropologie 90

5.2.1 Kant und die Logik 91

5.2.2 Logik und Psychologie: Prosbyterien der Erkenntnistheorie 93

5.2.3 Selbsterhaltung plus objektive Vernunft? 96

5.3 Das "Unerfaßte": äußere Natur 101

6 ZWEIHEIT DER NATUR? 106

6.1 Bestimmte Negation 107

6.2 Bildverbot 108

X

6.3 Unabbildbarkeit des Naturschönen 112
6.4 Zur Systematik des Antisystems 114
6.5 Unsystematische Reflexionen über einen versöhnten Zustand 117

7 EINER SCHLUßBETRACHTUNG STATT: EINHEIT DER NATUR 123

LITERATURVERZEICHNIS 131

SIGLEN

ÄT	Ästhetische Theorie
D	Dissonanzen
DA	Dialektik der Aufklärung
E	Eingriffe
EMS	Einleitung in die Musiksoziologie
GGEH	Gespräch zwischen A. Gehlen und Th. W. Adorno
GS	Gesammelte Schriften. Im einzelen:
GS 1	Philosophische Frühschriften
GS 8	Soziologische Schriften I
GS 11	Noten zur Literatur
GS 13	Die musikalischen Monographien
GS 15	Komposition für den Film; Der getreue Korrepetitor
GS 16	Klangfiguren; Quasi una fantasia; Impromptus
H	Drei Studien zu Hegel
JE	Jargon der Eigentlichkeit
KI	Kierkegaard
ME	Zur Metakritik der Erkenntnistheorie
MM	Minima Moralia
MOMU	Moments musicaux
ND	Negative Dialektik
OB	Offener Brief an Rolf Hochhuth
OL	Ohne Leitbild
P	Prismen
PM	Philosophie der neuen Musik
PT 1	Philosophische Terminologie, Bd. 1
PT 2	Philosophische Terminologie, Bd. 2
SE	Soziologische Exkurse
ST	Stichworte
STU	Studien zum autoritären Charakter
ÜWB	Über Walter Benjamin
VÄ	Vorlesungen zur Ästhetik
VE	Vorlesung zur Einleitung in die Erkenntnistheorie
VS	Vorlesung zur Einleitung in die Soziologie
WS	Etwas fehlt ... Über die Widersprüche der utopischen Sehnsucht. Ein Gespräch mit Theodor W. Adorno

EINLEITUNG

Ein historischer Augenblick: Eckard Strattmann, erster "Grüner" am heiligen Rednerpult des Plenarsaales, verbalisiert in Hemdsärmeln eine neue Auffassung politischer Rationalität. Er und seine Mitstreiter laufen Sturm gegen die Überzeugung von einer "'unendlichen Perfektibilität der Verhältnisse'"[1], die uns die Möglichkeit einer ebenso perfekten und "sauberen" Zerstörung in die Hände gespielt hat; statt ihrer proklamieren sie die "fundamentale Verweigerung" und erinnern damit an das Vermächtnis des "Café Marx"[2], an das "eigentliche Wesen" der kritischen Theorie: das "Bewußtsein des Nichtmachens, des Verweigerns, die unerbittliche Analyse des Bestehenden"[3].

Neu an dieser Konfrontation ist, daß sie nun auf der gleichen Stufe politischer Praxis stattfindet - eben auf allen Stufen parteipolitischer Entscheidungsfindung. Praxis nimmt sich der Theorie an, während die großen alten Skeptiker, allen voran Adorno, Horkheimer und Löwenthal, mittels ihrer Theorie - ohne Praxisbezug - hier nur auch wieder einen Beweis für ihre Formel finden (würden), daß nämlich die "Gesellschaft einfach alles zu integrieren vermag"[4].

Ein solches Prinzip der Weigerung muß - unweigerlich Federn lassen, wenn es über Theorie hinausschaut, "Gestalt" annimmt - bezeichnet es Joschka Fischer gar als "eine einzige logische Unmöglichkeit"[5]. So haben die "Grünen" in Hessen nicht einen Ministerposten für konsequente Weigerung inne, sondern für positive Zugeständnisse: insofern verweigert sich Praxis der Theorie. Frei nach Adorno müssen wir vom "Vorrang der Praxis" in dem Sinne sprechen, als sie sehr wohl ohne Theorie auskommt, nicht aber umgekehrt. Eine Insistenz auf konsequenter Weigerung, nur um reflexiver Stringenz zu genügen, er-

---

1 Benjamin, z. n. Offe, Griff nach der Notbremse, S. 86.

2 Löwenthal, Mitmachen wollte ich nie, S. 70. "Das Institut wurde dann ja auch (...), zunächst freundlich, später unfreundlich, 'Café Marx' genannt".

3 Ebd., S. 80.

4 Ebd., S. 76.

5 Fischer, Für einen grünen Radikalreformismus, S. 42.

scheint daher als Forderung einer an ihrer Selbsterhaltung interessierten Theorie.

Ausgehend von dem Axiom der psychischen Verankerung von Meinungen, Interessen und Weltanschauungen, benötigt Parteipolitik, die ihr Augenmerk vorrangig auf Bewußtseinsbildung richtet, Zeit und damit Einsicht in die Notwendigkeit einer Gratwanderung zwischen der Überforderung ihrer Adressaten und der unserer "natürlichen" Umwelt. Eine solche Gratwanderung erzwingt auch positive Gegenentwürfe einer alternativen Gesellschaftsform und deren schrittweisen Erreichens. Doch alle Überlegungen, die über eine Politik der Vermeidung hinausgehen, lassen den Zusammenhang von Ökologie und Ökonomie, oder um Adornos Begrifflichkeiten zu gebrauchen, von innerer und äußerer, erster und zweiter Natur undurchschaut. Dies führt notwendig zu der Tendenz der "Naturlisierung politischer Inhalte"[1] - bis hin zur idiosynkratischen Reaktion auf jegliche Art von Reflexion. Solche Parteipolitik vergißt dabei, daß Praxis - nicht nur in bloßer begrifflicher Entgegensetzung - ihren Stellenwert durch die scheinbar praxislose Reflexion gewinnt.

An diesem "Vermitteltsein" zweier analytischer Pole setzt der Rekurs auf Adornos vorrangig ideologiekritische Überlegungen zu jenem "Etwas" an, was als "Natur" Opfer unserer Projektionen und manifesten Ausbeutung geworden ist. Gegenüber anderen marxistischen Positionen bietet kritische Theorie im allgemeinen und "Negative Dialektik" im besonderen die Chance, zum einen das zentrale marxistische Axiom der Arbeit im Zeitalter ihrer Redundanz theoretisch zu entlasten; zum andern gibt sie uns ein radikales begriffliches Instrumentarium in die Hand, die realen Verhältnisse in den modernen Industriegesellschaften an ihren eigenen Prinzipien messen und diese letztlich auf ihre Vereinbarkeit mit den Ansprüchen innerer und äußerer Natur hinterfragen zu können. Dieser Weg immanenter Kritik erweist sich auf jener - ersten - Stufe der Reflexion als der sicherste, unter der Bedingung allerdings,

---

[1] Kraushaar, Einleitung, S. 12.

daß kritisches Denken sich selbst nicht ausschließt. Radikale Kritik kann aber selbst nur als Grundlage eines interdisziplinären - auch nomothetischen - Forschungsprogramms gelten, das Positivität nicht gleich Affirmation setzt und darüber hinaus Aufschluß gibt über die Interaktion des Menschen mit Natur[1].

Doch nun zum Inhalt der vorliegenden Arbeit:
Unmittelbarkeit gibt es nicht! - zumindest nicht im Sinne einer seit "Menschengedenken" gleichbleibenden Wahrnehmung. Jene konstituiert sich über phylogenetische und ontogenetische Bedingungen menschlichen Daseins, konkret: was wir über Natur wissen, wie wir sie erfahren, wird bestimmt durch unsere jeweiligen, geschichtlich sich verändernden Bedürfnisse, die ihrerseits wiederum sich als Natur artikulieren. Diese - vermittelte - Sichtweise wird nun aber real als pure Abbildung eines "Dings an sich" auf unseren Apparat der Wahrnehmung empfunden.

Dies ist im wesentlichen das Resümee des ersten Kapitels, während der zweite Abschnitt den programmatischen Entwurf Adornos zur "Idee der Naturgeschichte" behandelt, der auf das Jahr 1932 zurückgeht und die dialektische Verknüpfung von Natur und Geschichte zum Inhalt hat; Natur ist als Geschichte und Geschichte als Natur zu sehen.

Das dritte Kapitel startet einen Rekurs auf das Modell der Struktur menschlicher Psyche in der Theorie des "späten" Freud, da Adornos Begriff der ersten menschlichen Natur im wesentlichen dem der psychoanalytischen Triebnatur entspricht, ohne daß Adorno jedoch dessen Kategorien und Analysen in einer veränderten historischen Situation mechanisch übernimmt.

Der vierte Abschnitt betrachtet jene Natur, die Lukacs "Welt der Konvention" nennt; zweite Natur, hier als ideologiekritisch gewendeter Begriff, setzt nun das System der Gesell-

[1] Freilich kann die vorliegende Arbeit solche Chancen der Reaktualisierung kritischer Theorie nur andeuten.

schaft an die Stelle "ursprünglicher Natur". Der Kampf ums Überleben, zu dessen versuchsweiser Systematisierung Götter auf den Himmel projiziert wurden, "spielt" sich nunmehr innerhalb der von Menschen geschaffenen Welt der Institutionen ab. Die Projektionen und Opfer im Dienste der Selbsterhaltung sind auf d i e s e m Hintergrund wesentlich die gleichen geblieben.

Erste Natur erhält im Rahmen "Negativer Dialektik" lediglich einen erkenntnistheoretischen Stellenwert; so führt uns das fünfte Kapitel zurück zu Kants "Kritik der reinen Vernunft", um dort Adornos subjektivistische Weigerung, nomothetische Erkenntnisse gelten zu lassen, orten und verstehen zu können. Wenngleich Aussagen in Gesetzesform die dialektische Einheit von Form und Inhalt mißachten und zugunsten der Form auflösen, zwingt uns gerade die Existenz von Außersubjektivem, dem gar ein "Vorrang des Objekts" zukommt, zu einer erkenntnistheoretischen Integration von naturwissenschaftlichen Ergebnissen, um eventuell auch zu anthropologischen Fundamenten gelangen zu können.

Das sechste Kapitel geht nun auf den Aspekt der Versöhnung von Mensch und Natur in der Gesellschaftstheorie Adornos ein; die subjektivistische Weigerung ist gerade eine der Prospektion, die es am ästhetischen wie am philosophischen Bildverbot aufzuzeigen gilt. Aber auch dessen systematische Verankerung im Antisystem "Negativer Dialektik" muß hier Berücksichtigung finden, wenngleich jene Überlegungen zur Methode bereits dem ersten Abschnitt implizit vorgegeben sind.

Freilich gesteht sich Adorno konsequent ein, einem solchen theologisch indizierten Verbot aufgrund seiner Perspektive des Beobachters w i e des Betroffenen nicht in dieser Form Folge leisten zu können. Die Hoffnung auf eine humanere Gesellschaft nährt sich von konkreter Erfahrung - doch dies nicht allein: die Insistenz auf Hoffnung in Form von Tagträumen basiert auf der Tradition Freuds und wird von Bloch im Rahmen seines "Prinzips Hoffnung" mit einem theoretischen Fundament versehen und von Marcuse als "Phantasie" rezipiert.

Doch kann Adorno als Prediger der "Wiederkehr des Immerglei-chen" solche Produktivität des Geistes" als Denkvorgang mit eigenen Gesetzen und Wahrheitsgehalten"[1] nicht akzeptieren. Seine eigenen - "privaten" - utopistischen Konzessionen pas-sen nicht in seine "Logik des Zerfalls".

Das siebte Kapitel schließlich nimmt sich den Begriff der "Versöhnung" noch einmal vor, und zwar wie er als Begriff der "Einheit" in abgeschwächter, nicht-emphatischer Form Einlaß gefunden hat in eine "Systemtheorie" im allgemeinen und die moderne Physik wie die Ökologie im besonderen; doch agieren sie mit Ideen der "Ganzheitlichkeit", die menschliches Leid nicht "eigentlich" erfassen, geschweige denn aufheben könn-ten.

[1] Marcuse, Triebstruktur und Gesellschaft, S. 141.

1 KATEGORIEN DER VERMITTLUNG

Adornos Philosophie und Soziologie können als Konstruktion von Vermittlungen verstanden werden. Der Vermittlungsbegriff entstammt in seiner emphatischen Bedeutung der Hegelschen Terminologie, während das Verfahren durch die Kopplung an den "Vorrang des Objekts" besagt, daß die Existenz des Subjekts völlig gleichglültig ist, das Objekt des Subjekts nicht bedarf, um sich als Objekt zu realisieren[1]. Auch das Subjekt ist Objekt, da es nicht anders als durch Bewußtsein gewußt wird. Das Denken muß sich dem Objekt anschmiegen, "auch wenn es ein solches gar nicht hat, gar es zu erzeugen meint" (ST, 14); stattdessen unterdrückt das denkende Subjekt das Objekt in der gesellschaftlichen Realität, wozu es "nicht einmal eine innere Legitimation"[2] besitzt. Die Liquidation des Subjekts erscheint als die einzige Möglichkeit, "den 'verruchten Zusammenhang von Naturwüchsigkeit und subjektiver Souveränität' zu brechen (..), um in solcher Emanzipation die 'Rückkehr von Natur' zu realisieren"[3].

Dem Problem der Vermittlung wird Adorno beim Rekurs auf subjektive Verhaltensweisen zur Musik gewahr: die Formation des Ich , als die Introduktion der Objektivierung von Natur, setzt die Kategorie der Vermittlung in die Welt. Mit der Bildung des Subjekts verschwindet die "Unmittelbarkeit der primären Reaktionsformen" (ND, 178) und mit ihr die Spontaneität. Die uns umgebende Welt wird uns aber nahegebracht als unmittelbare, so daß scheinbar unvermittelte Reaktionsformen der Analyse bedürfen, um als vermittelte entlarvt werden zu können. Die Motivationsanalyse greift, nach Adorno, für die soziologische Betrachtungsweise zu kurz; sie läßt objektive Momente, wie das kulturelle Klima und gesellschaftliche Strukturelemente, unberücksichtigt. Aber auch subjektive Reaktionsformen weisen objektive Determinanten auf, so daß die

---

[1] Dies impliziert die Abhängigkeit des Subjekts vom Objekt und ist somit direkt aus der Hypostasierung des Zwangs zur Selbsterhaltung zu deduzieren.

[2] Richter, Der unbegreifbare Mythos, S. 100.

[3] Ebd.

empirische Betrachtung Priorität gegenüber jeglicher Beschreibung gesellschaftlicher Totalität gewinnt. Es ist aber unbewiesen, "ob tatsächlich von Meinungen und Reaktionsformen einzelner Personen zur Gesellschaftsstruktur und zum gesellschaftlichen Wesen fortgeschritten werden kann" (ST, 121). Dennoch sieht Adorno - und mit ihm die Mitglieder des "Instituts für Sozialforschung" - die Sozialpsychologie als subjektive Vermittlung des objektiven Gesellschaftssystems an. Die subjektiv gerichteten Analysen haben aber wiederum nur innerhalb objektiver Theorie ihren Stellenwert[1].

Rationalismus und Empirismus verwenden hingegen einen undialektischen Begriff von Vermittlung: ihr Grundthema ist die Vermittlung von Leib und Seele, die voneinander unabhängig gedacht werden. Es bleibt bei der Vermittlung von Gegensätzen ohne Reflexion, "welche die Gegensätze als in sich selber und durch ihr Entgegengesetztes bestimmt" (PT 2, 151). Die Gegensätze bleiben isoliert[2].

Die Unabdingbarkeit der Vermittlung hat auch die Ontologie erkannt; deshalb wünscht sie sich Stufen des Bewußtseins zurück, die vor jeglicher Subjektivität liegen. Sie scheidet damit aber "aus dem Gedachten alle Bestimmungen aus" (ND, 86) und übersieht die eigene Reflexionstätigkeit. Nach Adorno enthält das Erste, auf das es die Ontologie absieht, bereits sein Nachgeordnetes und ist durch den Gedanken vermittelt; es gibt somit kein Erstes[3].

---

[1] während Kant und die nach-kantischen Idealisten alles was ist, einheitlich auf ein subjektives Prinzip zurückführen.

[2] So übersetzt z. B. Alphons Silbermann den Vermittlungsbegriff mit "Kommunikation".

[3] Adorno kann zwar aus soziologischer Perspektive den ideologischen Mißbrauch eines solchen Begriffs aufzuzeigen, so wie er dies in dem Essay über Okkultismus unternommen hat, aber sich nicht auf einen notwendig intentionalen Sensualismus zurückziehen. So kann letztlich nichts über die Existenz eines Ersten gesagt werden. Ein solcher Rückzug wäre mit dem Postulat des "Vorrangs des Objekts" unvereinbar; hier fügt sich nämlich das zu erkennende Objekt dem Subjekt. So erscheint aber auch die Setung des "Vorrangs des Objekts" aus bloß begriffslogischen Kategorien deduziert, um eine materialistische Wendung seiner Philosophie hypostasieren zu können.

Vermittlung heißt auch nicht ein Mittleres zwischen zwei Extremen, wie Kierkegaard Hegel interpretiert. Bei Hegel ereignet sich Vermittlung in den Gegenständen selbst durch die Extreme hindurch, d. h., in den vermittelten Fakten erscheint immer etwas, was sie nicht sind. Sie rangiert aber bei ihm als ein der Dialektik enthobenes Prinzip, wogegen sich Adorno mit aller Schärfe wendet: "so wenig aber wie die Pole Subjekt und Objekt läßt Vermittlung sich hypostasieren; sie gilt einzig in deren Konstellation. Vermittlung ist vermittelt durchs Vermittelte" (ND, 106). Die dialektische Reflexion ist also auf den Vermittlungsbegriff selbst anzuwenden: Vermittlung ist nicht ohne Unmittelbarkeit zu denken. So hebt Adorno Hegels "sehr geniale These" hervor, daß

> "auf jeder Stufe des Bewußtseins als ein neu vergegenständlichtes und damit in gewisser Weise erneut wiederum anschauliches Unmittelbarkeit wieder sich herstellt, so daß auch die Anschaulichkeit von Geistigem, also kategoriale Anschauung, als ein Moment dieses Prozesses, nämlich das zur zweiten Natur Werden des Gewordenen, dessen was bloß These ist, eigentlich enthalten ist" (VE, 281).

Unmittelbarkeit wird der Dialektik zum Moment. Für die Philosophie folgt daraus, daß sie zu einer "höchst merkwürdigen Konfiguration von Naivität und Unnaivität" wird, d. h., daß sie zur "Unnaivität, also zu der Auflösung eines bloß hinnehmenden, unmittelbaren Bewußtseins nur kommt, indem sie sich auf die Unmittelbarkeit ihrer einzelnen Erfahrungen verläßt" (PT 1, 98), ohne daß ihre pure Unmittelbarkeit ausreicht; "sie bedarf neben dem Unwillkürlichen auch Willkür, Konzentration des Bewußtseins" (ÄT, 109).

Mittelbarkeit und Unmittelbarkeit sind in der gegenwärtigen gesellschaftlichen Realität "synthetisch zubereitet", und damit "ist das Vermittelte zur Spottgestalt des Natürlichen geworden" (JE, 19f.). Unmittelbarkeit ist einzig noch der behutsamen Reflexion zugänglich (vgl. MM, 240), indem die Reflexion den Begriff der Unmittelbarkeit dort auflöst, "wo er in einer starren, verdinglichten, fetischhaften Weise uns gegenübersteht" (VE, 318) und letztlich wieder auf Unmittelbarkeit als Voraussetzung aller Begriffe hinweist. So ist Objektivität nur auszumachen, indem auf jeder gesellschaftlichen

Stufe nach Subjekt und Objekt und nach deren jeweiligen Vermittlungen gefragt wird.

Es gibt also keine isolierte Faktizität; es hängt alles vom Ganzen ab, welches wiederum nicht als ein unmittelbar Gegebenes zu betrachten ist. Wir könnten Seiendes nicht denken, "es sei denn als Bestimmtes" (PT 1, 54), als "gesellschaftliche Konkretion" (PT 1, 144) in ihrer vollen Vermittlung. Die Individualität, z. B., gesehen als isoliertes Seiendes, "taugt zur Verstärkung der Ideologie, indem der Anschein erweckt wird, das ganz Verdinglichte und Vermittelte sei eine Zufluchtsstätte von Unmittelbarkeit und Leben" (OL, 63).

Die universale Vermittlung ist der Funktionscharakter einer vergesellschafteten Gesellschaft; es sind geschichtliche Vermittlungen, in denen Gesellschaft sedimentiert ist. Der Vermittlungsbegriff steht in seiner emphatischen Bedeutung für den Abbruch der Kommunikation des Menschen mit seinesgleichen und der Natur. Die Beziehungen der Menschen sind durch den Markt vermittelt, ohne daß er in dieser Funktion wahrgenommen würde. "Was im Kern der Ökonomie sich zuträgt (...), wirkt bis ins feinste Geäder hinein, oft ohne daß die Vermittlungen zu erkennen wären" (ÄT, 54). Vermittlung widerfährt den Phänomenen als Zwangsmechanismus.

Als immanente Kritik enthält die Vermittlungskategorie "das Moment der Wertfreiheit in Gestalt ihrer undogmatischen Vernunft, poinitert in der Konfrontation dessen, als was eine Gesellschaft auftritt und was sie ist" (GS 8, 347). Eingebunden in eine Theorie der Gesellschaft erhält sie intentionalen Charakter. Diese wiederum kann erst die Vermittlungen freilegen, die von der Gesellschaft kassiert werden, um eine "zweite, trügerische Unmittelbarkeit" (GS 8, 369) zu installieren. Intentionalität fordert gleiches: eine sich selbst zensierende "wertfreie" Wissenschaft fügt sich in den Funktionszusammenhang. Einzig wissenschaftlich interdisziplinäre Kooperation zeigt sich diesem Anspruch gewachsen[1]: "an ihr ist es, die

[1] Wie Dubiel zeigt, mußten die Institutsmitglieder im Laufe der Jahre

Vermittlungen der Sachkategorien in sich aufzudecken, deren jede auf die andere führt" (GS 8, 341, Anm.).

1.1 Der Blick auf die Totalität

Jede auf Totalität abzielende Perspektive transzendiert begrenzt Faktisches und ist damit notwendig philosophisch. Erst die unentstellte Retrospektion auf das "ehemals Gedachte" ermöglicht die Bildung eines Begriffs von der Sache, um dann die disparaten Daten um ihn organisieren zu können. Wissenschaft kann sich nicht auf ihre unmittelbaren Daten zurückziehen, da es eine solche Unmittelbarkeit nicht gibt, sondern sie ist bereits durch eine Totalität vermittelt[1]. Die Begriffe bedürfen stetiger Überprüfung der Nähe zum Sachverhalt. Diese Überprüfung und Näherung gelingt nur dem jeglicher Affirmation ledigen Denken; Theorie muß darüber hinaus "die Starrheit des hier und heute fixierten Gegenstands auflösen in ein Spannungsfeld des Möglichen und des Wirklichen" (GS 8, 197).

Erkenntnis muß auf antagonistische Totalität abzielen; als Schein und zugleich Allerwirklichstes sehnt sich Totalität nach Versöhnunung und damit nach ihrer Eliminierung. Sie manifestiert sich in den gesellschaftlichen Monaden und ist insofern Wirklichkeit, Schein aber als Inbegriff des gesellschaftlichen Verhältnisses der Individuen untereinander. Die Totalität prägt alles Einzelne und läßt sich somit an ihm diagnostizieren, aber nicht aus ihm beweisen. Sie kann selber kein Gegebenes, "Faktisches ihrem eigenen Wesen nach" (PT 2, 32) werden; sie ist aber dem einzelnen Faktischen durch ihre Determinationskraft vorgeordnet. Sie ist nicht verifizierbar durch das Faktenkriterium, da sie durch die Bewegung zur Kategorie überstiegen wird. Totalität ist keine abschlußhafte Kategorie, sie relativiert sich, weil ihre Kraft allein in dem Einzelnen sich bewährt, in das sie hineinstrahlt" (ÄT,

---

dieses Konzept mehr und mehr reduzieren (vgl. Dubiel, Wissenschaftsorganisation und politische Erfahrung, S. 137ff.).

1 In den Fakten erscheint immer etwas, was sie nicht selbst sind. Der Positivismus begnügt sich mit der Erscheinung, der monokausal-mikrologischen Analyse des "Bruchstückhaften".

280). Sie ist eine ausschließlich kritische Kategorie:

> "Dialektisch Kritik möchte retten oder herstellen helfen, was der Totalität nicht gehorcht, was ihr widersteht oder was, als Potential einer noch nicht seienden Individuation, erst sich bildet" (GS 8, 292).

Der dialektische Totalitätsbegriff ist "objektiv", d. h., er intendiert das Verstehen jeglicher sozialen Einzelfeststellung, während der positivistische Begriff lediglich Fakten in einen widerspruchsvollen Zusammenhang bringen will.

Martin Jay unterscheidet in seiner Arbeit über den Totalitätsbegriff bei Lukacs und Adorno fünf Anwendungsweisen des Begriffs: Es sind dies 1) "longitudinal totality", 2) "latitudinal totalitiy", 3) "expressive totality", 4) "decentered totality" und 5) "normative totality".

1) "Longitudinal totality" ist ein Synonym für Universalgeschichte, gegen deren Konzeptualisierung Adorno sich vehement wehrt, während z. B. Lukacs in seiner Hypostasierung einer "längsschnittlichen Totalität" auf Hegel und Dilthey rekurriert. Für Adorno liegt der einzige Weg, den historischen Prozess als Ganzes zu betrachten darin, "Universalgeschichte (..) zu konstruieren und zu leugnen" (ND, 314). Zu konstruieren insofern, als die "chaotisch zersplitterten Momente und Phasen der Geschichte" (ND, 314) unter dem Signum der Beherrschung äußerer wie innerer Natur zusammengeschweißt werden. "Keine Universalgeschichte führt vom Wilden zur Humanität, sehr wohl eine von der Steinschleuder zur Megabombe" (ND, 314).

Zu leugnen ist die Konstruktion der Universalgeschichte als "past suffering can never be redeemed,no matter how utopian future"[1]. Die untilgbare Schuld der Menschen wird Adorno hiermit zum Kriterium, das Konzept der "longitudinal totality" abzulehnen. "Das schwache private Echo des Tobens der Geschichte läßt bloß nachträglich sich entscheiden" (MM, 215). Das System der Geschichte hebt Zeit auf und reduziert sie

---

[1] Jay, Totality, S. 131.

aufs abstrakt Negative; die Kraft des Negativen ist die Fessel der Freiheit: das Neue bleibt die Not des Alten.

Der Marxismus hebt in Anlehnung an den Hegelschen Idealismus das Wissen um die Identität hervor, wenn er auch gegenüber Hegel "die Identität als vorgeschichtliche demaskiert" (GS 8, 390). Wahr ist diese Identität nicht als unmittelbare, sondern erst durch die Dynamik der Totalität hindurch.

2) Die "latitudinal totality" ist die spezifische Konstellation sozialer Strukturen und Tendenzen während einer geschichtlichen Periode oder in einer Kultur über längere Zeit. Dieser Begriff findet bei Adorno am häufigsten Anwendung.

Die bürgerliche Gesellschaft ist eine individualistische Totalität, in der die unausgetragenen Antagonismen durch "Eindimensionalität" verdeckt werden, wie Marcuse es formuliert. Alle Einzelnen sind abhängig von der Gesellschaft als Totalität, aber auch voneinander. Das Ganze erhält sich nur über die Summe der erfüllten Funktionen seiner Mtglieder. Die übermächtigen sozialen Prozesse und Institutionen, die arbeitsteiligen Segmente des gesamtgesellschaftlichen Funktionszusammenhangs haben sich verselbständigt und "gewinnen" den Charakter einer Ideologie. Die Zweck-Mittel-Relation kehrt sich um: Institutionen erklären sich zum Ziel. Die Subjekte wissen sich nicht mehr als solche. Sie werden an der Ausbildung ihres Selbstbewußtseins mit der ganzen "Schwerkraft der gesellschaftlichen Verhältnisse" (GS 8, 18), der Angst vorm Ausgestoßenwerden, der wenn auch vielfach nur mittelbaren Drohung körperlicher Gewalt und letztlich der Ananke, der Lebensnot, gehindert.

"Subjekt und Objekt sind im höhnichen Widerspiel zur Hoffnung der Philosophie versöhnt" (GS 8, 18). Ideologien wirkten einst als Kitt, heute sind sie in die psychologische Verfassung der Menschen eingesickert. Die Mitglieder der Gesellschaft gleichen sich mit der ganzen Kraft ihres Ichs noch einmal an den Zug der Gesellschaft an: "die Menschen sind selbst (...) die Ideologie, die das falsche Leben trotz seiner offenbaren Verkehrtheit zu verewigen sich anschickt" (GS 8, 18).

Dies macht den totalitären Charakter der gegenwärtigen Gesellschaft aus: es bedürfte der vor Affirmation strotzenden Menschen, um Gegebenes negieren zu können. Statt die notwendige Negation anzustreben, hastet das bürgerliche Denken, "jeden Schritt hin zur Emanzipation eilends zu neutralisieren durch Bekräftigung von Ordnung" (ND, 32). Die Emanzipation ist unvollständig, so daß das bürgerliche Denken seine Autonomie theoretisch zum System, der Darstellungsform von Totalität, ausweitet: "System ist ein Gesetztes, das als Ansichsein auftritt" (ND, 32). Es hat seine Urgeschichte im Vorgeistigen, dem animalischen Leben der Gattung[1].

Das System folgt dem Satz des ausgeschlossenen Dritten: alles, was sich ihm nicht einfügt, "alles qualitativ Verschiedene nimmt die Signatur des Widerspruchs an" (ND, 17). Totalität ist die inhaltliche Vermittlung des gesellschaftlich Einzelnen und Ganzen, formale "vermöge der abstrakten Gesetzmäßigkeit der Totalität selbst, der des Tausches" (ND, 57). Die Erforschung eines sozialen Gegenstandes muß auf dessen Vermittlung, Determination durch die Totalität, rekurrieren, um ihn in seiner Ganzheit belassen zu können.

3) Die Konzeption der "expressive", "centered" oder auch "reflective totality" beruht auf der Annahme, daß ein "totalizer", ein genetisches Subjekt, die Totalität durch Selbstobjektivierung kreiert[2]. Diese Perspektive birgt die Gefahr, wie sie im philosophischen Idealismus zum Ausdruck kommt, nämlich daß der daraus resultierende Ethnozentrismus das Nicht-Ich als minderwertig handelt: "die Ansicht vom Menschen

---

[1] Der Sprung eines hungrigen Raubtieres auf das Opfer ist nicht ungefährlich, so daß zur Überwindung seiner Angst das Unlustgefühl aus Hunger zur Wut aufs Opfer modifiziert werden muß. Späterhin wird dieser Prozeß - reflexives Ergebnis gewagter Spekulation - zur Projektion rationalisiert. Jener "Wesenszug" läßt sich z. B. auch in der Philosophie des Idealismus ausmachen als rationalisierte Wut aufs Nichtidentische.

[2] Diese Fichtesche Idee war für Lukacs nur zwischen seiner "Theorie des Romans" und den Schlußkapiteln von "Geschichte und Klassenbewußtsein" relevant.

in der Mitte ist der Menschenverachtung verschwistert" (ND, 34).

Im Materialismus finden wir statt des idealistischen transzendentalen Subjekts die Hypostasierung des Proletariats. Adornos Antwort ist die Forderung des Vorrangs des Objekts. Durch eine solche Argumentation verlieren, nach Jay, die Hauptstützen des Marxschen Humanismus, Verdinglichung und Entfremdung, ihre Bedeutung.

4) "Decentered totality" bezeichnet ein Kraftfeld von Beziehungen, deren konstitutive Elemente nicht verstanden werden können ohne Bezugnahme zum Ganzen; ein Ganzes, das nicht reduzierbar ist auf ein genetisches Zentrum. Dieser Totalitätsbegriff kann nicht als Objektivation eines Subjekts gesehen werden, sondern als eine Konstellation von Interaktionen ohne spezifischen Ursprung.

Adorno weigert sich, an ein autonomes Proletariat, über das eine Revolution initiiert werden könnte, zu appellieren. "Der Glaube als organisierte Klasse überhaupt noch den Klassenkampf führen zu können, zerfällt den Enteigneten mit den liberalen Illusionen" (GS 8, 376). In der "klassenlosen Gesellschaft der Autofahrer, Kinobesucher und Volksgenossen" (GS 8, 377) wird der Klassenkampf unter die Ideale verbannt und avanciert zum Gegenstand repressiver Toleranz. Der Druck der Herrschaft liquidiert "die unrettbare Individualität, aber bloß Individuen sind fähig, (...) das Anliegen von Kollektivität noch zu vertreten" (OB).

Mit der Liquidation des Individuums werden auch die Massen dissoziiert, da sie sich über Individuen konstituieren. Dennoch bilden sie eine Einheit: heteronom unter dem Identitätsdruck des Systems. "Die Klassenherrschaft schickt sich an, die anonyme, objektive Form der Klasse zu überleben" (GS 8, 377). Die Klasse ist zu konstatieren und zu leugnen: zu konstatieren, da objektiv eine Teilung der Gesellschaft besteht; die Manifestationen des Klassenverhältnisses sind in weitem Maß in den Funktionszusammenhang der Gesellschaft eingebaut worden, ja als Teil ihres Funktionierens bestimmt" (GS 8, 183); zu leugnen, da die Mehrheit der Menschen sich nicht als Klasse erfährt. Das Sich-dem-System-Gleichmachen verbraucht all die Energie, die nötig wäre, um die Gesellschaft verändern zu können. An diesem eingefügten, verdinglichten Menschen hat Verdinglichung aber auch ihre Grenze. Für den verdinglichten Menschen verlieren die Produktionsverhältnisse "den Schrecken ihrer Fremdheit und bald ihre Macht" (GS 8, 391).

Subjektiv aber ist der Klassenkampf heute vergessen und regrediert in den soziologischen Theorien zum sozialen Konflikt, einer Invariante, über die sich der soziale Wandel vollzieht. Der soziale Konflikt ist nur in purer Immanenz zu denken. Nach Adorno ist die Möglichkeit der Eskalation des sozialen Konflikts zum Kampf der Klassen nur in Krisensituationen gegeben, ob "abermals in der verwalteten Welt, bleibt abzuwarten" (GS 8, 186). Jay geht in seiner Interpretation so weit, zu sagen, Adorno glaube nicht an die Möglichkeit, jemals ein solches Subjekt vorfinden zu können[1]. So bleibt Adorno nur der Rückzug in die Theorie, die selbst Praxis sei: "eigentliche" Praxis wird vertagt.

Dies veranlaßt Clemenz, Adorno zu verdächtigen, lieber den Untergang als die Versöhnung sehen zu wollen[2]. Die Vertagung von Praxis bleibt selbst ein Stück Mythos. Andererseits kann, von der intentionalen Seite betrachtet, die theoretische Distanzierung und Diffamierung von Praxis und das Aufzeigen der Möglichkeit totaler Katastrophe praktischen Veränderungswillen provozieren.

Der "Fühler" der Theorie, ihr "Draht" zur Realität ist die Erfahrung, wenn sich Adorno auch eingestehen muß, sich in eine Aporie zu begeben:

> "Zu visieren wäre die Wechselwirkung von Theorie und Erfahrung. Unvermeidlich dabei der Zirkel: keine Erfahrung, die

---

1 Vgl. Jay, Totality, S. 134.

2 Dieser Einwand hat wohl nur den Rang einer überspitzten Polemik (vgl. Clemenz, Theorie als Praxis?, S. 180).

> nicht vermittelt wäre durch - oft unartikulierte - theoretische Konzeption, keine Konzeption, die nicht, wofern sie etwas taugt, in Erfahrung fundiert ist und stets wieder an ihr sich mißt" (GS 8, 186).

Erfahrung sollte Umgangssprache, Haltungen, Gesten und Physiognomien "bis ins verschwindend Geringfügige hinein entziffern, das Erstarrte und Verstummte zum Sprechen bringen, dessen Nuancen ebenso Spuren von Gewalt sind wie Kassiber möglicher Befreiung" (GS 8, 194).

Eine Theorie aber, die den sozialen und geschichtlichen Gegenstand durch die Brille der Totalität beschreibt und diagnostiziert, überschreitet notwendig Faktizität, indem sie das Einzelne im Zuge theoretischer Reduktion faktischer Komplexität über das Medium des Begriffs unter die identifizierende Herrschaft der Kategorie zwängt. Praxis läßt sich jedoch unter faktischer Teleologie nicht ebenso auf die theoretisch-kategoriale Ebene hieven, so daß sie sich mit dem Besonderen "bescheiden" muß.

Dieser Ansatz bietet aber keine Möglichkeit der Koordination mit dem zu überwindenden, kategorialen Gegenstand: der totalitären Gesellschaft. Zollt Adorno mit "seiner" Methode identifizierender Kritik am Identitätszwang nicht auch der falschen Positivität der Gesellschaft Tribut? "Der Riß zwischen Wirklichkeit und Utopie droht auch Dialektik zu zerbrechen, sie in subjektives Postulieren einerseits, Eschatologie andererseits zu zerspalten"[1]. Jener Riß ist die konsequente Erscheinung der Trennung von Normativem und Faktischem.

5) "Normative totality" meint Totalität als ein wünschenswertes Ziel, welches Humanität zum Signum trägt im Zeitalter des "Bruchstückhaften", der Individuierung ohne Individuum. Für Adorno hat die Totalitätskategorie eine ausschließlich kritische Dimension und kann damit nicht als konstitutives Moment einer versöhnten Gesellschaft herhalten. Eine versöhnte Menschheit wäre nicht länger dem Identitätsprinzip hörig: in ihr würde nichts mehr ausgeschlossen "und wäre damit Totali-

[1] Ebd., S. 188.

tät nicht länger: keine erzwungene Einheit" (ST, 31)[1].

Totalität ist zum einen definiert durch eben jenes grenzensetzende Prinzip, zum andern durch den "fortwesenden Antagonismus" (ST, 32), der doch die "Logik des Zerfalls" ausmacht und sich hiermit der Affirmation für untauglich erklärt. Totalität ist ein "Ganzes dissoziierter Teile"[2], während Totalität im emphatischen Sinne, normative Totalität, den Teilen immanent wäre, o h n e ihnen heteronom übergeordnet zu sein. Das Ganze wäre widerspruchsfrei und implizierte sowohl eine mit sich versöhnte Menschheit wie deren Versöhnung mit äußerer Natur[3].

Zwar gibt sich Adorno, etwa im Unterschied zu Bloch, das Bildverbot vor, doch kommt er nicht umhin, jenes Verbot sporadisch zu umgehen. So sagt er zwar kategorisch, "was anders wäre, ist namenlos" (GS 8, 388), doch verrät auch er sich dem Blochschen "Vorschein". "Eine emanzipierte Gesellschaft (...) wäre kein Einheitsstaat, sondern die Verwirklichung des Allgemeinen in der Versöhnung der Differenzen" (MM, 130).

Exkurs: Identifizierung als Zwang

Was meint dieses Prinzip der Identifikation?
Das Weltverhältnis der Menschen abendländischer Kultur und Geschichte ist seit seinen Anfängen

> "mit zunehmender Ausdrücklichkeit und wachsendem Absolutheitsanspruch (..) durch die Tendenz gezeichnet (...), daß es dasjenige, womit es jeweils zu tun hat, als ein Identisches zu begreifen und zu behandeln trachtet"[4].

---

[1] Diese Forderung erinnert an Feyerabends Postulat "anything goes", gegen das der Vorwurf der schlechten Anarchie laut wurde, in der Moralität obsolet erscheint. Konsequenzlogisch betrachtet, müßte Adorno auch die Negation des versöhnten Zustandes zulassen, womit er per se nicht mehr versöhnt wäre!

[2] Allkemper, Rettung und Utopie, S. 115.

[3] Auch hier zeigt sich wieder die Problematik der Praxis. Praxis zielt notwendig aufs Besondere, während es allein der Theorie vorbehalten bleibt, den Zustand der Versöhnung, der Nichtidentität, zu identifizieren. Allein der Prozeß von der totalitären zur antitotalitären Totalität ist der Theorie Adornos, wenn nicht gar jeder Theorie, verloren. Sie ist stillstehende Dialektik, keine "Dialektik des Stillstands", wie van Reijen z. B. glaubt, konstatieren zu können (vgl. van Reijen, Adorno zur Einführung.).

[4] Guzzoni, Identität oder nicht, S. 9.

Identität ist zu differenzieren in: 1) die Identität mit anderem, indem Verschiedenes unter einen Begriff gebracht wird, 2) die Identität mit dem allgemeinen Begriff in einem bestimmten Sinne, 3) die Identität unter denjenigen, die das ihnen Begegnende identifizieren und von denen jeder Einzelne doch immer nur das eine monadologische Subjekt repräsentiert[1].

Identifikation heißt also, daß man glaubt, einem Phänomen dadurch gerecht zu werden, "wenn man es (...) f ü r e i n a n d e r e s g e n o m m e n h a t"[2]. Identität impliziert Getrenntsein als Bedingung ihrer Möglichkeit; es meint die Trennung zwischen Objekten wie von Subjekt und Objekt. Sie kann strenggenommen nie ganz überwunden werden. Ihre Destruktion aber ist anzustreben, da ihre Herstellung keinen kommunikativen Bezug stiftet,

> "weil das identifizierende Ich im Anderen nur die entfremdete Gestalt seiner selbst und die abstrakte Äquivalenz mit Anderem, nicht aber dessen eigene Jeweiligkeit und Andersheit gelten lassen kann"[3].

Das Denken der Identität als kategorialer und kategorisierender Movens der Geschichte läßt einer kritischen Gesellschaftstheorie nur eine Alternative: das Denken der Negation und Weigerung. Es bleibt die Vision der "objektiven Identität", in der herrschaftsfreies Leben realisiert werden kann. Nichtidentität und Versöhnung müssen einander entsprechen, so wie Identität und Trennung zusammengehen[4]. Aus dieser Entsprechung folgt für Guzzoni, den Begriff der Nichtidentität in den der "objektiven Identität" transformieren zu können[5].

Nach Richter führt es aber in die Irre, wenn Adorno über die

---

1 Vgl. ebd., S. 9ff.
2 Dubiel, Ich-Identität und Institution, S. 54.
3 Guzzoni, Identität oder nicht, S. 21.
4 Vg. ebd., S. 98.
5 Diese positive Wendung kann allerdings nicht Adornos Anliegen sein, da er jegliche Positivität der Ideologisierung bezichtigt. Andere Bezeichnungen für Adornos Begriff des "Nichtidentischen" sind: das Andere, Verschiedene, Fremde, Offene, Gewordene, das Begriffslose, Nichtbegriffliche, das dem Begriff Heterogene, das Einzelne, Besondere, das Qualitative und das Unmittelbare (vgl. ebd., S. 108.).

Aufhebung der Verdinglichung das Subjekt retten will, da er ihm damit sein Fundament entzieht: die Identität[1]. Sie regrediert, nach Adorno, in der bürgerlichen Gesellschaft zum Identitätszwang, d. h. zum Zwang, Identität herzustellen und identisch zu sein - nur nicht mit sich selbst. Die bürgerliche Gesellschaft ist zum einend Gleichmachenden geworden gegenüber den Individuen, aus denen sie besteht, ohne sich noch auf sie zurückzuführen, d. h. ohne tatsächlich aus ihnen zu sein.

Identität resultiert aus der Angst vor der Bedrohlichkeit des Anderen und dient damit dem Schutz im Kampf ums Überleben. Ursprünglich bezog sich diese Angst auf die direkte Auseinandersetzung mit Natur; heute hat die Gesellschaft selbst den Kampf um die Selbsterhaltung in sich hineingenommen, so daß dieser nurmehr vermittelt erscheint. "Die Gesellschaft erhebt den Anspruch auf die totale Ätiologie gesellschaftlichen Seins."Die bloße Vorstellung des Draußen" ist "die einheitliche Quelle der Angst" (DA, 18). Adorno bleibt allerdings die Erklärung schuldig, warum er die Bedrohlichkeit der Natur als ubiquitäre Konstante einführt.

Die objektivierte Natur ist das erste Objekt des Menschen und gleichsam Opfer des aus der Selbsterhaltung resultierenden Identitätszwangs. Er ist das gewichtigste Mittel, Herrschaft über Natur zu errichten, indem Natur in den bestimmenden Bezug des Menschen gerät. Dies vollzieht sich über Wissen, das einerseits Identifizierung, andererseits Innovation bedeutet: Wissen ist identifizierende Herrschaft[2]. Das einzelne Subjekt wird degradiert zum "bloß Subjektiven", die Herrschaft der Identität erobert den Rang einer "zweiten Natur", deren Besonderheit darin liegt, "daß ihre Objektivität erst eine sekundäre, der Verdinglichung entsprungene ist"[3].

Im Rahmen einer emanzipatorisch konzipierten Gesellschaftstheorie stellt Adorno der universellen Identität den Begriff

---

[1] Vgl. Richter, Der unbegreifbare Mythos, S. 112.
[2] Vgl. Guzzoni, Identität oder nicht, S. 70.
[3] Ebd., S. 73f. Anm. 49.

der Nichtidentität gegenüber als "Programmetapher einer Erkenntnistheorie, die die 'Identität' von Phänomenen vor ihren Identifikationen retten will"[1]. "Wahre Identität" wäre herzustellen durch den "Verzicht auf Kommensurabilisierung durch Reduktion auf den Tauschwert"[2].

1.2 Das Tauschprinzip

Die kritische Gesellschaftstheorie Adornos, die sich nicht zuletzt als Kritik am Tauschprinzip begreift, rekurriert auf die Analyse des Tauschprinzips der Marxschen Theorie. Adorno kann an deren Ergebnisse anknüpfen und die "Reflexion auf die Konsequenzen des Äquivalententauschs über die Grenzen der Ökonomie"[3] hinaus weitertreiben. Deshalb folgt zunächst ein kurzer Abriß Marxscher Theorie über den Komplex "Ware und Geld".

Der Begriff des Äquivalententauschs bezeichnet d i e Verkehrsform der Waren[4]. Die Ware ist v o r e r s t ein äußerer Gegenstand, der der Befriedigung irgendwelcher menschlicher Bedürfnisse dient. Sie ist nun hinsichtlich ihres Werts unter zweierlei Aspekten zu beleuchten: dem qualitativen und dem quantitativen.

Der qualitative Wert einer Ware ist der Gebrauchswert; er "verwirklicht sich nur im Gebrauch oder der Konsumtion"[5]. Er gelangt zu universeller Gültigkeit, während der Tauschwert, der für das quantitative Verhältnis der Gebrauchswerte zueinander steht, beständig mit Ort und Zeit wechselt. Die Tauschwerte "können nur verschiedener Quantität sein, enthalten also kein Atom Gebrauchswert"[6]. Nach Abzug der Gebrauchswerte reduziert sich die Ware auf die Repräsentation menschlicher Arbeit, abstrakt menschlicher Arbeit. Da unter Betrachtung

---

1 Dubiel, Ich-Identität und Institution, S. 56.
2 Ebd. Der Begriff des "Verzichts" involviert einen unkritisch-eschatologischen Voluntarismus, der wohl einer "Negativen Dialektik" fremd ist.
3 Rath, Adornos Kritische Theorie, S. 53.
4 Der Begriff der Ware läßt nur die kapitalistische Verkehrsform zu; s. u. im Abschnitt über den Fetischcharakter der Waren.
5 Marx, MEW 23, S. 50.
6 Ebd., S. 52.

des Tauschwerts von jeglicher Inhaltlichkeit des Produkts, also von Qualität, abstrahiert wird, wird ebenso von dem Prozeß seiner Produktion abgesehen und damit von konkreter Arbeit. "Diese Dinge stellen nur noch dar, daß in ihrer Produktion menschlicher Arbeitskraft, menschliche Arbeit aufgehäuft ist"[1]. Der Wert einer Ware resultiert also aus der Quantität gesellschaftlicher Durchschnittsarbeit - ergo: ohne Berücksichtigung individueller Fertigkeiten. "'Als Werte sind alle Waren nur bestimmte Maße festgeronnener Arbeitszeit'"[2]. Ein Sonderfall ist denkbar: falls ein Gebrauchswert nicht durch Arbeit vermittelt ist, besitzt er keinen Wert und ist somit keine Ware, so z. B. wenn für den Eigenbedarf produziert wird, oder aber er ist direkt Naturprodukt.

Der Warenwert meint demzufolge immer gesellschaftlichen Gebrauchswert. Die einzelnen Gebrauchswerte wiederum können sich nur als qualitativ verschiedene und damit nur als Produkte verschiedener nützlicher Arbeiten in der Form der Ware gegenübertreten. Das heißt, die Kategorisierung eines Gegenstandes als Ware schließt den Tausch von wahrhaft Gleichem aus.

In einer Gesellschaft, deren Produkte allgemein die Form der Ware annehmen, "entwickelt sich dieser qualitative Unterschied der [konkreten, T.L.] nützlichen Arbeiten (...) zu einem vielgliedrigen System, zu einer gesellschaftlichen Teilung der Arbeit"[3]. Arbeit als nützliche, konkrete produziert Gebrauchswerte, als abstrakte hingegen bildet sie den Warenwert. Gegenstände sind nur dann Waren, wenn sie die Doppelform von Natural- und Wertform besitzen, wenn sie konkrete und abstrakte Arbeit in sich vereinen. Auf die Wertform kommt es Marx nun an: Warenwerte sind nur Mengenrelationen; Werte und damit letztlich Preise konstituieren sich über den Vergleich. Grossmann betont im Zuge Marxscher Argumentation, daß der Verkauf von Waren zu ihren Werten nur für den theoretischen "Normalfall" gelten kann: die wirklichen Austausch-

---

1 Ebd.
2 Ders., MEW 13, S. 15, z. n. ders., MEW 23, S. 54.
3 Ders., MEW 23, S. 57.

verhältnisse und die Wertgrössen sind nicht identisch[1].

"Die empirischen Vorgänge in der Zirkulationssphäre, z. B. der praktisch sichtbare Einfluß des Kaufmannskapitals auf die die Warenpreise"[2], lassen diese Monokausalität zur Ideologie, zum gesellschaftlich notwendigen Schein, regredieren[3]. Die einfache Wertform, "das Geheimnis aller Wertform"[4], setzt zwei Waren in Beziehung, von denen die erste in relativer Wertform dargestellt ist, d. h. die erste Ware expliziert ihren Wert über die zweite. Die zweite Ware fungiert als Äquivalent oder befindet sich in Äquivalentform und spielt eine passive Rolle. Die Funktion des Äquivalents schließt die des relativen Werts aus. Und

> "nur der Äquivalenzausdruck verschiedenartiger Waren bringt den spezifischen Charakter der wertbildenden Arbeit zum Vorschein, indem er die, in den verschiedenartigen Waren steckenden, verschiedenartigen Arbeiten tatsächlich auf ihr Gemeinsames reduziert, auf menschliche Arbeit überhaupt"[5].

Die Äquivalentform einer Ware ist Ausdruck u n m i t t e l b a r e r Austauschbarkeit mit anderer Ware.

Die Komplementarität von relativer Wertform und Äquivalentform darf aber nicht darüber hinwegtäuschen, daß es der Arbeitszeit als dritter Dimension bedarf, um die Wertgröße der Waren bestimmen zu können. Die Äquivalentform einer Ware enthält somit keine quantitative Wertbestimmung. Der Gebrauchswert wird durch sie zur Erscheinungsform seines Gegenteils, des Werts[6].

---

1 Adorno erachtet gerade diesen theoretischen Normalfall, dieses dem Tausch zugrundeliegende Prinzip für eine zu bewahrende Errungenschaft bürgerlicher Ökonomie, die von ihrer Korrumpierbarkeit gereinigt werden soll.

2 Grossmann, Wert-Preis-Transformation, S. 56.

3 Nach Eberle sind es gerade "methodisch reflektierte Marxisten", wie Mattick und Pilling, die behaupten, Marx sei nicht daran gelegen, "solche empirischen Phänomene aus seiner Theorie kausal zu erklären" (Eberle, Erklärungsanspruch der Marxschen Theorie, S. 363f.). Damit blenden sie aber ein emanzipatorisches Erkenntnisinteresse und damit kritische Reflexion aus.

4 Marx, MEW 23, S. 63.

5 Ebd., S. 65.

6 "Tauschwert" wird hier durch "Wert" ersetzt: erst wenn im Rahmen eines Austauschverhältnisses der Wert einer Ware "eine eigene, von ihrer Materialform verschiedene Erscheinungsform besitzt" (ebd., S. 75), kann von Tauschwert gesprochen werden.

> "Zwar gilt dies nur innerhalb des Wertverhältnisses, worin die Leinwandware auf die Rockware als Äquivalent bezogen ist. Da aber Eigenschaften eines Dings nicht aus seinem Verhältnis zu anderen Dingen entspringen, sich vielmehr in solchem Verhältnis nur betätigen, scheint auch der Rock seine Äquivalentform, seine Eigenschaft unmittelbarer Austauschbarkeit, ebensosehr von Natur zu besitzen wie seine Eigenschaft, schwer zu sein oder warm zu halten"[1].

Resümierend lassen sich drei Eigentümlichkeiten der Äquivalentform ausmachen: 1) der Gebrauchswert wird zur Erscheinungsform seines Werts, 2) konkret nützliche Arbeit wird durch sie zu abstrakter Arbeit, 3) Privatarbeit wird zu gesellschaftlicher Arbeit.

Schließlich bleibt die Betrachtung der Wertform noch die allgemeine Äquivalentform; sie kann prinzipiell jeder Ware zukommen. Die Ware, die nun als Äquivalent fungiert, wird zum allgemeinen Äquivalent durch ihre endgültige Ausschließung aus der Welt der relativen Werte. Ohne ein allgemeines Äquivalent kann kein produzierter Gegenstand ausschließlich relative Wertform oder ausschließlich Äquivalentform annehmen.

Nun besitzen die Waren unter kapitalistischer Logik ein Eigenleben: sie erscheinen als "mit eignem Leben begabte, untereinander und mit dem Menschen im Verhältnis stehende selbständige Gestalten"[2]. Marx nennt dieses Phänomen den "Fetischismus, der den Arbeitsprodukten anklebt, sobald sie als Waren produziert werden"[3]. Der Warenfetischismus entspringt also dem gesellschaftlichen Charakter der Arbeit. Den Produzenten erscheinen "die gesellschaftlichen Beziehungen ihrer Privatarbeiten als sachliche Verhältnisse der Personen und gesellschaftliche Verhältnisse der Sachen"[4].

Der Fetischcharakter der Ware, der darin besteht, daß gesellschaftliche Manifestationen mit dem falschen Bewußtsein der

---

1 Ebd., S. 72.
2 Ebd., S. 86.
3 Ebd., S. 87.
4 Ebd. Marx' Analyse der Waren beansprucht lediglich Gültigkeit für den Prozeß des Austauschs derselben. Was aber intendiert er dann mit der Feststellung, daß Waren ein Eigenleben besitzen? Eine solche Zuordnung transzendiert per se den reinen Austauschprozeß.

Natureigenschaft bekleidet werden, ist dem Warencharakter stets immanent. Die Frage ist nun, ob die gesellschaftliche Gültigkeit des Prinzips der durchschnitttlich notwendigen gesellschaftlichen Arbeitszeit und damit des Arbeitscharakters den Warencharakter impliziert? In der dritten Form der Arbeitsteilung, der planmäßig gesellschaftlichen Arbeitsteilung,

> "nehmen die Arbeitsprodukte (..) k e i n e Warenform an, da planmäßig und durchsichtig zugleich nach den verschiedenen Bedürfnissen produziert wie auch nach dem jeweiligen individuellen Anteil an ihrer Produktion verteilt werden"[1],

obgleich diese Form der Produktion und Distribution nicht ohne Arbeitsteilung auskommt.

Wellmer zieht aus solcher - notwendigerweise verkürzt dargestellten - Konstruktion einer sozialistischen Produktionsweise den Schluß, daß die Grundannahmen des Marxschen Geschichtsentwurfs einerseits "die revolutionäre F u n k t i o n der kritischen Theorie als die einer postideologischen, 'positiven' Wissenschaft" determinieren, andererseits "zur Verschleierung der Differenz zwischen der u n v e r m e i d l i c h e n und der p r a k t i s c h n o t w e n d i g e n Transformation der kapitalistischen Gesellschaft" führen und "daher den Übergang zur klassenlosen Gesellschaft als zwangsläufiges Resultat der Lösung der kapitalistischen Systemprobleme erscheinen"[2] lassen; m. a. W.: einerseits erscheint es in der Marxschen Theorie als zwingend, daß die Eigendynamik der kapitalistischen Produktionsverhältnisse ihre eigenen Konstitutiva überwinden: entremdete Arbeit, Ausbeutung usw., ohne daß eine sozialistische Produktionsweise auf deren Produktivkräfte verzichten kann. Andererseits verschwindet die qualitative Differenz zwischen der gegenwärtigen kapitalistischen und einer, nach Marx, notwendig folgenden sozialistischen Gesellschaft.

Nach der Marxschen Logik lassen sich die gesellschaftlichen Verkehrsformen nur als sekundäre P r o d u k t i v k r ä f t e auffassen, die den primären Produktivkräften untergeordnet sind. Die Eindimensionalität des Geschichtsmodells impliziert ein-

---

1 Wetzel, Gesellschaft, S. 58.
2 Wellmer, Kritische Gesellschaftstheorie und Positivismus, S. 77.

dimensionalen technischen Fortschritt, von dessen Qualität ganz abgesehen wird, er zählt als bloßes Faktum. So wird auch das Reich der Freiheit über Kategorien der Arbeitswelt determiniert.

> "Das Reich der Freiheit, das dieser Konstruktion zufolge mit Notwendigkeit aus der Lösung der kapitalistischen Systemprobleme resultieren muß, könnte ein Reich privater Freiheitsspielräume in einem mit rein technisch-organisatorischer Rationalität gelenkten, 'Sachgesetzlichkeiten' des technisch-wissenschaftlichen Fortschrittes folgenden Reproduktionsprozeß der Gesellschaft sein"[1].

Aus der Frage, warum beim Äquivalententausch von einer Seite mehr eingetauscht wird als das Äquivalent, resultiert für Horkheimer und Adorno in der "Dialektik der Aufklärung" die Kategorie der Herrschaft. Ihre Kontamination mit der des Tauschs versuchen sie bis in eine "Urgeschichte des Subjekts" zurückzuverfolgen. Hier spielt der Begriff des Opfers herein: er bedeutet Entsagung um zukünftiger Vorteile willen. Das heißt aber, daß eine übergeordnete Instanz existiert, von der durch Darbietung eines Opfers eine Gegenleistung erwartet wird; eine Interaktionsbeziehung also, die sich über eine Kompetenzhierarchie definiert. Die übergeordnete Instanz legitimiert sich durch projizierte Omnipotenz.

Bereits in den frühesten Epen der Völker verselbständigt sich das Medium des Rituals, das eine Vorstellung "des Geschehens wie des bestimmten Prozesses" einschließt, "der durch den Zauber beeinflußt werden soll" (DA, 11). Aber erst im Zuge der Substituierung der lokalen Götter durch den Himmel, der "Beschwörungspraktiken des Zauberers und des Stammes" durch "das wohl abgestufte Opfer", welches statt des Gottes massakriert wird, und die "durch Befehl vermittelte Arbeit von Unfreien" (DA, 11) etabliert sich Hierarchie und damit Herrschaft. In der Magie wird Herrschaft aber noch nicht über ihre Ontologisierung als reine Wahrheit ausgeübt.

"Vor den Göttern besteht nur, wer sich ohne Rest unterwirft. Das Erwachen des Subjekts wird erkauft durch die Anerkennung

---

[1] Ebd., S. 125.

der Macht als des Prinzips aller Beziehungen" (DA, 12). Die eskalierende Macht der Menschen wird "getauscht" gegen die Entfremdung von dem, worüber sie Macht ausüben. In der Moderne ist der Mensch sich selbst zum Herrscher bzw. Beherrschten und das Tauschprinzip der bürgerlichen Gesellschaft zur gegenwärtigen Manifestation des Identifikationsprinzips geworden (vgl. ND, 147).

Durch das Tauschprinzip sind für Adorno erkenntnistheoretische, psychologische und ökonomische Sachverhalte vermittelt; insofern übersteigt er den Marxschen Erklärungsansatz, der sich auf eine ökonomische Ätiologie beschränkt. Das Tauschprinzip wird zur Grundlage der Analyse bürgerlicher Lebenswelt[1]. Die Identifizierbarkeit menschlicher Arbeit und ihrer Produkte in quantitativen Wertgrößen steht in innerem Zusammenhang mit der Entqualifizierung der Subjekte. Die Individuen finden sich damit ab, als austauschbar sich zu betrachten. "Das individuelle Gesetz ist ein Vexierbild des Äquivalententauschs" (MM, 212). Der Zusammenhang von Tausch und Herrschaft setzt sich im Bewußtsein fort als Herrschaft von Ideologien.

Die Inauguration des Tauschs bedeutet lediglich die "Säkularisierung des Opfers" (DA, 47) in Form von Subjektivität. Schon das Opfer zeitigt den die Tauschabstraktion stigmatisierenden Doppelcharakter. Es steht einerseits "für die magische Selbstpreisgabe ans Kollektiv", andererseits aber auch für die "Selbsterhaltung durch die Technik solcher Magie" (DA, 47 Anm. 6), die List. Der Betrug am Opfer soll die "Verzichterklärung" auf die für die Menschen bedrohliche Handlung bewirken. Vom intentionalen Aspekt gesehen, wird also Einschränkung gegen Einschränkung getauscht. "Es ist dieser Spalt zwischen Rationalität und Irrationalität des Opfers, [also Teleologie vs. Obsolenz der Mittel, T.L.] den die List als Griff benutzt" (DA, 50). List ist somit nichts anderes "als die subjektive Entfaltung solcher objektiven Unwahrheit

---

1 Dieser von Adorno nicht verwandte Begriff der "Lebenswelt" hat seine Ursprünge bei Husserl und Wittgenstein, wird aber hier in der Deutung Habermas' als der Bereich rezipiert, der durch kommunikatives Handeln

des Opfers" (DA, 49).

Adorno verkennt, nach Habermas, die integrative Funktion des Opfers und darüber hinaus des Tauschs; so ermöglicht der Frauentausch in Stammesgesellschaften "eine segmentäre Differenzierung"[1]; d. h., der über Heiratsregeln normierte Frauentausch schafft verwandtschaftliche, bilaterale Beziehungen und erstreckt sich damit über "Gebrauchs- und Wertgegenstände, auf Dienstleistungen, immaterielle Zuwendungen und Loyalitäten"[2]. Er dient "weniger der Anhäufung von Reichtum als der Vergesellschaftung, das heißt der Stabilisierung von freundschaftlichen Beziehungen zur sozialen Umwelt und der Einverleibung fremder Elemente ins eigene System"[3]. Hier fließen allerdings der positive Begriff der Integration von Habermas und der negative der Identifizierung Adornos ineinander über.

List ist auch Mittel des Tauschs, wobei formale Legalität und inhaltliche Illegitimität koinzidieren. Sie hat - innerhalb des Tauschakts - ihren Ursprung in der Form des Gelegenheitstauschs zwischen geschlossenen Hauswirtschaften in der frühen Antike. Max Weber charakterisiert diese Art des Tauschs durch die schwerpunktmäßige Selbstversorgung durch Eigenbedarfsproduktion. Lediglich Überschüsse werden gelegentlich getauscht. Adorno findet den Nachweis der List als Selbstverleugnung in Odysseus' Abenteuern (vgl. DA, 42ff.).

Das Tauschverhältnis ist rational und irrational zugleich. Irrational ist es als Schein gerechten Tauschs, rational als die ihm innewohnende Versprechung: "der Tausch verschwände, wenn wahrhaft Gleiches getauscht würde" (ST, 48). Nach Rath ist es kein Zufall, daß Adornos Ausführungen zum Tausch prinzipiell immer wieder solche zum Begriff des Scheins nach sich ziehen[4]. Durch die Tauschabstraktion entsteht der Schein der Ware als eines Naturdings, einer "zweiten Natur" eigenen We-

---

geprägt wird und sich von dem Begriff des Systems abhebt (vgl. Habermas, Theorie des kommunikativen Handelns, Bd. 2, S. 182ff.).

1 Ebd., S. 78.

2 Ebd., S. 79.

3 Ebd.

4 Rath, Adornos Kritische Theorie, S. 56.

sens.

Eine Konsequenz bestimmter Negation der Scheinhaftigkeit des Tauschprinzips könnte die Orientierung an Gebrauchswerten sein. Was aber könnte zu solcher Ökonomie von Gebrauchswerten hinführen, wenn selbst die Liebe als Widerstand gegen das Tauschverhältnis von der gesellschaftlichen Realität zur Funktion degradiert wird? Lediglich das Auge bleibt, nach Adorno, als letzte Bastion und Mahnung an einen versöhnten Zustand[1]. Alle Leistungen werden unter der Äquivalentform subsumiert. Freiheit vom Tausch wäre in dieser Immanenz z. B. das Anbieten eines Unikums, das niemand haben will.

Die Menschen verlernen das Schenken; selbst Kinder mustern "mißtrauisch den Geber als wäre das Geschenk nur ein Trick, um ihnen Bürsten oder Seife zu verkaufen" (MM, 46). An die Stelle des Schenkens und dessen impliziter Selbstlosigkeit tritt "vermittelte Wohltätigkeit, die sichtbare Wundstellen der Gesellschaft planmäßig zuklebt" (MM, 46). Spenden gehen einher mit rationaler Verteilung und dem Abwägen der Bedürftigkeit, so daß der Beschenkte zum Objekt wird; "wie überhaupt die Qualität der Dinge aus dem Wesen zur zufälligen Erscheinung ihres Wertes wird" (MM, 305).

Eine Näherung an die Charakteristik des Tauschverhältnisses macht Adorno in Heideggers Skizze des "Man" aus. Es hält sich faktisch in der Durchschnittlichkeit:

> "'Diese Durchschnittlichkeit in der Vorzeichnung dessen, was gewagt werden kann und darf, wacht über jede sich vordrängende Ausnahme. Jeder Vorrang wird geräuschlos niedergehalten. Alles Ursprüngliche ist über Nacht als längst bekannt geglättet. Alles Erkämpfte wird handlich. Jedes Geheimnis verliert seine Kraft. Diese Sorge der Durchschnittlichkeit enthüllt wieder eine wesenhafte Tendenz des Daseins, die wir Einebnung aller Seinsmöglichkeiten nennen'"[2].

Anonymität wird als Möglichkeit des Seins ausgelegt und die Schuld der Gesellschaft hiermit entzogen.

---

[1] Angesichts der inflationären Okkupation des Auges, die durch eine Brutalisierung jüngster cineastischer Produkte erreicht wird, erscheint dieser ästhetische Rückzug doch zumindest in Frage gestellt.

[2] Heidegger, z. n. JE, S. 87.

Die dem Tauschgesetz gehorchende Gesellschaft bringt den Bürger hervor, "der keinem anderen den Genuß gönnt, weil er ihn sich selbst nicht gönnt" (GS 11, 377f.). Menschliche Bestimmung und Funktion klaffen auseinander. Die Funktion gerät in der versteinerten Gesellschaft zur Bestimmung.

> "Die Wohltat, daß der Markt nicht nach Geburt fragt, hat der Tauschende damit bezahlt, daß er seine von Geburt verliehenen Möglichkeiten von der Produktion der Waren, die man auf dem Markt kaufen kann, modellieren läßt" (DA, 15).

Die Waren werden vom ökonomischen Apparat schon vor der totalen Planung mit den Werten ausgestattet, die das Verhalten der Menschen bestimmen. Der Tausch von Äquivalenten stellt aber auch einen Fortschritt dar gegenüber einer "Verteilung auf Grund unvermittelter und irrationaler Machtverhältnisse" (STU, 143). Insofern ist der Tausch rational. Nach Adorno existierte der freie Tausch bereits in den Anfängen der bürgerlichen Gesellschaft; wenn er auch den Fetischcharakter involvierte, so beließ er den Waren noch ihre ökonomischen Qualitäten. Die ganze Kraft dieser Positivität steckt auch in folgendem Aphorismus: "die Abschaffung des Äquivalententauschs wäre dessen Erfüllung" (GS 11, 508) - und die einmal vorhanden gewesene Gerechtigkeit regrediere in der gegenwärtigen Gesellschaft zum Recht (vgl. DA, 18).

Wo ein versöhnter Zustand nicht ist, geht er als "kategorischer Imperativ" in die Legislative ein und verkommt zum uneinholbaren Dekret. Das Tauschprinzip hat die Vernichtung möglich gemacht, aber ebenso dessen Gegenteil: die Steigerung der Produktivkräfte im *Dienste* der Menschheit. Hier verfällt Adorno der irrigen Technikgläubigkeit Marxscher Ökonomie, die für dessen Spätwerk charakteristisch ist.

Für Habermas verlagert sich die Rolle von Macht und Tausch in den modernen Gesellschaften infolge der Ausdifferenzierung der Lebensweltstrukturen. Die Mechanismen der systematischen und der sozialen Integration trennen sich, da sie nicht mehr an vorgegebenen Sozialstrukturen, also am Verwandtschaftssystem, haften. Tausch und Macht verlieren ihre systemdifferenzierende Kraft .

1.3 Die Begründung des Scheins im Tausch

Seit der "Dialektik der Aufklärung" vertritt Adorno die These, daß Tausch Schein produziere, wobei Schein zwar von jenem deduziert werde, aber erst als Medium der Kritik die Ausgestaltung der Diskrepanz zwischen erster und zweiter Natur offenlegt. Der Begriff des Scheins, d. i. das "Unwesentliche" (MM, 145), "das Überflüssige" (PM, 67 Anm. 22), "die Verzauberung des Subjekts in seinem eigenen Bestimmungsgrund, seine Setzung als wahres Sein" (ST, 159), "der Widerschein der Wahrheit" (P, 97), avanciert bei Adorno zum Zentralbegriff seiner Ideologiekritik, Ästhetik und negativen Metaphysik. Der Begriff des Scheins involviert

> "sein Verhältnis zu klassischen und modernen Ideologiebegriffen, seine Stellung zum Idealismus, vor allem zur Erkenntnistheorie Kants und zur Ästhetik Hegels, seine Rezeption der Marxschen Fetischismusanalyse und seine Aneignung der Freudschen Theorie des Unbewußten"[1].

Scheinhaft können Bewußtseinsinhalte sein, deren Ätiologie abgeschnitten ist. Ein solcher scheinhafter Bewußtseinszustand liegt vor, wenn z. B. eine soziale Beziehung nicht als ein menschliches Verhältnis, sondern vom Bewußtsein versachlicht als eine Beziehung von Dingen wahrgenommen wird. Nach Adorno hat eine kritische Theorie die Aufgabe, "das Inventar von individuell und gesellschaftlich angesammelten Vorurteilen, ideologischen Stereotypen, klischeehaften Sprach- und Denkmustern mit einer Strukturerkenntnis der Sachverhalte zusammenstoßen zu lassen"[2].

Schein soll aufgelöst, aber auch gerettet werden: es ist dies der Schein der Kunstwerke. "Indem der Schein am Kunstwerk abstirbt, so wie es im Kampf gegen das Ornament sich indiziert, beginnt der Standort des Kunstwerks überhaupt unhaltbar zu werden" (PM, 70). Herkömmlicherweise wird der Scheincharakter der Kunstwerke auf ihr sinnliches Moment bezogen; nach Adorno aber entspringt er jedoch ihrem geistigen Wesen. Der Geist, "als einem von seinem Anderen Getrennten, ihm gegenüber Verselbständigenden und in solchem Fürsichsein Ungreifbaren", involviert den Anspruch, "Nichtseiendes, Abstraktes zum Seien-

---

1 Rath, Adornos Kritische Theorie, S. 57.
2 Ebd.

den zu erheben" (ÄT, 165)[1]. Als Wahrheit ist er die "Negation allen falschen Ansichseins" (ÄT, 166). Geist wird in den Kunstwerken nicht unmittelbar versinnlicht, Kunstwerke werden vielmehr allein durch das Verhältnis ihrer sinnlichen Elemente zueinander Geist. Kunst ohne Schein "regrediert aufs chaotisch Gesetzliche, darin Zufall und Notwendigkeit ihre unselige Verschwörung erneuern" (ÄT, 166).

Kunstwerke aber verhelfen als Schein dem, "was sie selbst nicht sein können, zu einer Art von zweitem modifizierten Dasein" (ÄT, 166). Insofern stellen sie in solcher Absolutheit die bestimmte Negation des sedimentierten Geschichtlichen, der zweiten Natur dar. Das Wesen geht in die Erscheinung über und sprengt sie zugleich. Ästhetische Harmonie überdeckt dieses Nichtsein des Wesens und ist deshalb "Politur und Balance" (ÄT, 166).

Das Siegel der authentischen Kunstwerke hingegen ist,

> "daß, was sie scheinen, so erscheint, daß es nicht gelogen sein kann, ohne daß doch das diskursive Urteil an seine Wahrheit heranreicht. Ist es aber die Wahrheit, dann hebt sie mit dem Schein das Kunstwerk auf" (ÄT, 199)

Kunst aber ist auch Schein solange sie "die Suggestion von Sinn inmitten des Sinnlosen" (ÄT, 231) nicht entrinnen kann. Sie besitzt damit im doppelten Sinn Scheincharakter: als Antithesis zum Dasein wie als Erscheinungsform von Sinn (vgl. ÄT, 161). Ästhetische Kritik soll dieser Ambiguität in doppelter Weise entsprechen: sie soll den Schein des Ansichseins der Kunstwerke auflösen und sie als gesellschaftlich produziert und der Warenform unterworfen begreifen.

Was versteht Adorno nun unter Sinnlosigkeit?
Es ist der Schein, "daß das Subjekt, daß die Menschen unfähig

---

[1] Vgl. a. Bloch, Das Prinzip Hoffnung, Bd. 1, S. 356ff:
"Das Nicht ist nicht da, aber indem es derart das Nicht eines Da ist, ist es nicht einfach Nicht, sondern zugleich Nicht-Da. Als solches hält es das Nicht bei sich nicht aus, ist vielmehr aufs Da eines Etwas treibend bezogen. Das Nicht ist Mangel an Etwas und ebenso Flucht aus diesem Mangel; so ist es das Treiben nach dem was ihm fehlt (...). Das Nicht als prozessuales Noch-Nicht macht Utopie zum Realzustand der Unfertigkeit, des erst fragmenthaften Wesens in allen Objekten".

seien zur Menschheit: die verzweifelte Fetischisierung bestehender Verhältnisse" (ST, 24), also zum einen die Absenz des Sinnes, zum anderen die fehlende Zielsetzung seiner Verwirklichung. Sinnlosigkeit hat ihren mittelbaren Ursprung in der Angst des Menschen, deren Ausdruck zur Erklärung wird; sie bewirkt die "Verdoppelung der Natur in Schein und Wesen, Wirkung und Kraft" (DA, 17).

Angst sucht verzweifelt nach der Erklärung des Weltverhältnisses; wenn Hegel und Schopenhauer Recht haben darin, daß im principium individuationis das Gesetz des Weltgeschehens sich versteckt, so bemächtigt sich der Schein selbst diesem; die letzte Substantialität des Ichs wird noch Opfer des Scheins, "der die bestehende Ordnung schützt, während ihr Wesen bereits verfällt" (MM, 203). Die Ausweglosigkeit der Suprematie des Scheins manifestiert sich für Adorno vor allem daran, daß

> "gerade die, von deren Denken und Handeln die Änderung, das einzig Wesentliche, abhängt, (..) ihr Dasein dem Unwesentlichen, dem Schein, ja dem, was nach dem Maß der großen historischen Entwicklungsgesetze als bloßer Zufall zutage kommen mag" (MM, 145), schulden[1].

Wo Faktisches und damit Vermitteltes als Unvermitteltes, Ursprüngliches auftritt, setzt Adorno seine Kritik des Scheins als Kritik an "zweiter Natur" fort.

---

[1] Vgl. z. B. auch Marcuse, Der eindimensionale Mensch, S. 32: "Die Erzeugnisse der industriellen Massenproduktion durchdringen und manipulieren die Menschen; sie befördern ein falsches Bewußtsein, das gegen seine Falschheit immun ist. Und indem diese vorteilhaften Erzeugnisse mehr Individuen in mehr gesellschaftlichen Klassen zugänglich werden, hört die mit ihnen einhergehende Indoktrination auf, Reklame zu sein; sie wird ein Lebensstil, und zwar ein guter - viel besser als früher -, und als ein guter Lebensstil widersetzt er sich qualitativer Änderung".

2 DIE IDEE DER NATURGESCHICHTE

2.1 Zur Kritik der Ontologie

Die systematische Entwicklung des Begriffs "Naturgeschichte" findet bei Adorno ihre Prolegomena in der Kritik der Ontologie. (Philosophische) Kritik heißt für ihn das "Abarbeiten" an Texten; der Philosophie "ist selber kein anderer Weg offen als der kritische, die rücksichtslose Eliminierung illusionären Beiwerks, die Insistenz auf der Sache" (GS 15, 203). Kritik setzt an Begriffen an, um deren normative und legitimierende Funktion, die Diskrepanz zwischen Bewußtsein und Realität über Reflexion aufzudecken.

Adornos Kritik wendet sich explizit gegen die neo-ontologische Position Schelers und Heideggers, aber sie gilt ihrer Struktur nach für jede Interpretation von Geschichte, "die in einem Entwurf allgemeiner Bestimmungen stehenbleibt und so außerstande ist, historische Phänomene noch in 'ihrem äußersten Faktisch-Sein' ausreichend zu bestimmen"[1].

Die Ausgangsintention der ontologischen Fragestellung ist die Überwindung des subjektivistischen Standpunkts. Ontologie ist somit die Erneuerung der Frage nach dem "Ding an sich", nach geschichtsloser, platonisch-statischer Natur. Die Paradoxie dieser Intention ist, daß zu der Erkenntnis transsubjektiven Seins genau jene subjektive ratio zur Anwendung gelangt, "die zuvor das Gefüge des kritischen Idealismus zustandegebracht hat" (GS 1,347). Der, nach Adorno, jede Philosophie konstituierende subjektive Faktor wird innerhalb des phänomenologischen Gedankengebäudes zur Frage nach dem Sinn des Seins modifiziert. Um aber die Sinnfrage stellen zu können, muß Sinn problematisch sein: "Sinn ist in der von Adorno gemeinten Situation aber problematisch für diejenige Subjektivität, die durch die Sinnfrage negiert werden soll"[2].

So stellt sich für Adorno nunmehr die Sinnfrage als ontologi-

[1] Mirbach, Kritik der Herrschaft, S. 29.
[2] Grenz, "Die Idee der Naturgeschichte", S. 345.

sche als tautologisch heraus. Sie ist nichts anderes als das Einlegen subjektiver Bedeutungen und verliert somit den ontologisch-übergeschichtlichen Anspruch und ihre Legitimation. Sie ist, nach Adorno, nur möglich als "Auslegung von Seiendem selbst nach dem hin, was es als Sein charakterisiert" (GS 1, 348), wobei das Seiende sich auch als sinnlos herausstellen kann. Die Frage nach dem Seienden aber ist unvereinbar mit der ursprünglichen Umwendung zur Geschichtslosigkeit. Seiendes ist nur denkbar als historisch Seiendes.

Heideggers Versuch, die ontologische und die historische Frage unter der Kategorie "Geschichtlichkeit" zu vereinen, läßt das Problem der Kontingenz, also der Zufälligkeit[1], welche als Bestimmung des Geschichtlichen in den ontologischen Gedankenkomplex integriert wird, ungelöst. In der Kategorie der Geschichtlichkeit löst sich das empirische Material auf, es wird nicht von ihr "gemeistert". In ihr versteckt sich nun die Problematik der Subjektivität; das Grundphänomen "Geschichte" wird selbst ontologisch. Philosophie kann sich also nur durch die Aufnahme der Reflexion über Subjektivität legitimieren.

Aber "es ist das Verdienst der ontologischen Fragestellung, das unaufhebbare Ineinander der Elemente von Natur und Geschichte radikal herausgearbeitet zu haben" (GS 1, 354).

2.2 Zum Begriff des "Mythos"

> "Die herkömmliche Antithesis von Natur und Geschichte ist ist wahr und falsch; wahr, soweit sie ausspricht, was dem Naturmoment widerfuhr; falsch, soweit sie die Naturwüchsigkeit der Geschichte durch diese selber vermöge ihrer begrifflichen Nachkonstruktion apologetisch wiederholt" (ND, 351).

Adorno verfolgt die programmatische Absicht, "diese beiden Begriffe zu einem Punkt treiben, an dem sie in ihrem puren auseinanderfallen aufgehoben sind" (GS 1, 345). Ihm geht es nicht darum, in sekundärer und äußerlicher Weise die Gesetze der Natur auf die Geschichte anzuwenden; vielmehr wirft er

[1] Kontingenz bedeutet neben "Zufälligkeit" auch das Komplement zu "Notwendigkeit".

die Frage der wesentlichen Abhängigkeit beider voneinander auf. Geschichte ist dadurch charakterisiert, daß in ihr qualitativ Neues erscheint, während der aufzulösende, obsolete Naturbegriff am ehesten mit dem Begriff des Mythischen zu übersetzen ist.

Mythos ist das, "was von je da ist, was als schicksalhaft gefügtes, vorgegebenes Sein die menschliche Geschichte trägt, in ihr erscheint, was substanziell in ihr ist" (GS 1, 346). Er ist "die zum entfremdeten Schicksal jedes Einzelnen gesteigerte, verblendete und doch durchschaubare Verflochtenheit der Moderne" (ÜWB, 58), die "trügende Einheit des Ungeschiedenen" (ND, 124), die "Wiederkehr des Immergleichen" (ÄT, 333), der "Trug des Übergeschichtlichen"[1], die "falsche Klarheit (...) immer dunkel und einleuchtend zugleich" (DA, 4), das "Grauen des Diffusen" (ND, 160), der "Bann von Schicksal" (ND, 216), die "uralte Last" (H, 60), der "Bann von Natur" (ÄT, 105), das "alte Unwahre" (ÄT, 487).

Der Mythos, die Artikulation des mythischen Wesens des Menschen, ist für Adorno nicht mehr nur im Sinne des 19. Jahrhunderts ein historisches Phänomen, sondern gehört "als ein Funktionsbegriff zum principium individuationis" und begreift "die Dialektik von Reproduktion und Produktion der Wirklichkeit"[2]. Die gegenwärtige Erscheinungsform mythischer Gewalt ist die instrumentelle Vernunft[3].

Der Prozeß der Aufklärung, nach tradierter Auffassung der Übergang des Mythos in Logos, entlarvte den Anthropomorphismus, als Projektion irdischer Verhältnisse auf den Kosmos. Dies war das Ende der übermächtigen Gottheiten und der Beginn

---

1 Tiedemann, Studien zur Philosophie Benjamins, S. 98.
2 Brändle, "Rettung des Hoffnungslosen", S. 113.
3 Analog zu dieser Stigmatisierung gegenwärtiger moderner Gesellschaften lassen sich "nach Maßgabe der theoriepolitischen Selbststrukturierung der Theoriebildung" (Dubiel, Wissenschaftsorganisation und politische Erfahrung, S. 24) drei Entwicklungsabschnitte differenzieren, die das "Institutsprogramm" seit Grünberg kennzeichneten: Materialismus (1930-36/37), kritische Theorie (1937-39/40), Kritik der instrumentellen Vernunft (ab 1940) - Habermas hingegen führte nunmehr eine Kritik der funktionalistischen Vernunft aus.

der Aufklärung.

> "Als Grund des Mythos hat sie [die Aufklärung, T.L.] seit je den Anthropomorphismus, die Projektion von Subjektivem auf die Natur aufgefaßt. Das Übernatürliche, Geister und Dämonen, seien Spiegelbilder der Menschen, die von Natürlichem sich schrecken lassen. Die vielen mythischen Gestalten lassen sich der Aufklärung zufolge alle auf den gleichen Nenner bringen, sie reduzieren sich auf das Subjekt" (DA, 10).

Die Suprematie der Gottheiten, als Folge der Projektion des Subjekts, muß der Rationalität analytischer Reflexion weichen. Mit dieser Wendung öffnen sich die Mythen ihrer Interpretation und der ätiologischen Kritik. Es geht ihnen um die "Erklärung, Deutung und Verdeutlichung des menschlichen Seins"[1]. Das Gemeinsame aller Mythen ist die Frage nach dem Ursprung. Es gibt aber kein W i s s e n vom Ursprung, so daß die Frage subjektiver Interpretation bedarf: "Götter sind nichts anderes als die Legitimität und Rechtfertigung der geahnten Wahrheit"[2].

Nach Durkheim ist die regenerierende Kraft einer rituellen Rückkehr zu den Ursprüngen lebensnotwendig für das kollektive Bewußtsein, da sie den sozialen Zusammenhalt garantiert[3]. Diese "Anbetung" des Ursprünglichen finden wir auch - wie oben bereits angeführt - in der "prima philosophia". Am Beispiel Heideggers belegt Adorno die regressive, anti-aufklärerische Intention der Ontologie in der "Negativen Dialektik":

> "die Dogmatik wird ihm [Heidegger, T.L.], gegenüber der Tradition der Kritik, schlicht zur höheren Weisheit. Das ist der Ursprung von Heideggers Archaismus. Die Zweideutigkeit der griechischen Worte für Sein, zurückdatierend auf die jonische Ungeschiedenheit von Stoffen, Prinzipien und reinem Wesen, wird nicht als Insuffizienz sondern als Superiorität des Ursprünglichen verbucht. Sie soll den Begriff Sein von der Wunde seiner Begrifflichkeit, der Spaltung von Gedanken und Gedachtem, heilen" (ND, 78).

So entlarvt Adorno jedes Erkenntnismodell, das die Behauptung der Existenz eines voraussetzenden Erstbegriffs wagt, ideologiekritisch als Sicherheitsbedürfnis[4].

Aufklärung bedeutet aber nun keineswegs undialektische Entmy-

---

1 Birzele, Mythos der Aufklärung, S. 41.
2 Ebd.
3 Vgl. Habermas, Mythos, S. 407.
4 Vgl. Heinz, Negative Dialektik, S. 44.

thologisierung, wenngleich sie sie auf ihre Fahne schrieb: "der verruchte Tausch von Äquivalenten (...), in dem der uralte Mythos in der rationalen Ökonomie sich wiederholt" (GS 11, 508), ist auch die Manifestation "zweiter Mythologie" (MM, 321).

> "Die alten Schreckbilder überdauern in der Geschichte, welche Freiheit nicht einlöst, und in der das Subjekt als Agent der Unfreiheit den mythischen Bann fortsetzt, gegen den es sich aufbäumt und unter dem es steht" (ÄT, 76).

Nach Adorno ist bereits der Mythos der geschichtlichen Dialektik unterworfen; die mythischen Grundgegebenheiten sind in sich widerspruchsvoll.

> "Das Moment der Dialektik liegt darin, daß die tragischen Mythen in sich mit der Verfallenheit in Schuld und Natur zugleich das Moment der Versöhnung, das prinzipielle Hinausgehen über den Naturzusammenhang enthalten" (GS 1, 363).

Diese in dem Vortrag "Die Idee der Naturgeschichte" aus dem Jahre 1932 formulierte, in Hegelscher Tradition stehende These findet in der "Dialektik der Aufklärung" ihre dialektische Zuspitzung: "schon der Mythos ist Aufklärung, und: Aufklärung schlägt in Mythologie zurück" (DA, 5).

> "Ist die Existenz der Götter erst einmal abhängig von der Subjektivität des Wissens um sie, (...) tritt jetzt die Einwirkung des Menschen selbst durch die tätige Arbeit unter dem Aspekt der Selbsterhaltung und Selbstbehauptung gegen die Natur"[1].

Selbsterhaltung, eine der Psychoanalyse entlehnte Kategorie, ist die Manifestation der Selbsterhaltungstriebe[2]. Die Selbsterhaltungs- oder Ichtriebe bilden einen "unleugbaren Gegensatz"[3] zu den auf ein Objekt gerichteten Sexualtrieben: sie dienen der Verdrängung[4].

Die Selbsterhaltung setzt sich in der Moderne mittels der instrumentellen Vernunft nurmehr als Prozeß der Identifizierung

---

1 Birzele, Mythos der Aufklärung, S. 60:

2 In einem Brief an Ferenczi aus dem Jahre 1910 setzt Freud zum ersten Mal die Selbsterhaltungstriebe den Ichtrieben gleich.

3 Freud, Die psychogene Sehstörung, S. 209.

4 Erst in der 1920 entstandenen Arbeit "Jenseits des Lustprinzips" betonte Freud den "libidinösen Charakter der Selbsterhaltungstriebe" (S. 261), so daß die strenge Dichotimisierung der Triebarten entfiel. Vgl. auch Kap. 3 d. vorliegenden Arbeit.

fort. Identität aber heißt Unterordnung unter die Suprematie der Einheit. Die Macht des Mythos wird abgelöst von der Herrschaft über das Nichtidentische, welches somit in seiner emphatischen Bedeutung verschwindet: "die Aufklärung verhält sich zu den Dingen wie der Diktator zu den Menschen" (DA, 25). Die Kulturindustrie besorgt nun noch die universale Identifizierung, die damit bezahlt wird, daß nichts mit sich identisch sein darf.

Aufklärung als Befreiung von Mensch und Natur schlug fehl, womit sie in mythisch-undurchschaute Kontamination zurückfiel und zum Mythos der Moderne regredierte. Sie wollte die Mythen auflösen und Einbildung durch Wissen stürzen; aber als richtende gerät sie selbst in den mythischen Bann. "Als Gebieter über Natur gleichen sich der schaffende Gott und der ordnende Geist" (DA, 15). Die Wissenschaft wurde zur Legitimation, die Zahl zum Kanon der Vertretbarkeit. Die ubiquitäre Vertretbarkeit, Produkt des Warentauschs, ist die gegenwärtige Manifestation des Prozesses der Trennung von Subjekt und Objekt. Schon die Substitution beim Opfer bezeichnet einen Schritt zur diskursiven Logik hin. Es mußte zwar spezifische Qualitäten aufweisen, stellte aber bereits in seiner Vertretbarkeit die Gattung dar. Die ätiologische Begründung dieses Prozesses ist für Adorno die Angst des Menschen vor den übermächtigen Naturverhältnissen.

Nach Freud ist Angst "die ursprüngliche Reaktion auf die Hilflosigkeit im Trauma, die dann später in der Gefahrensituation als Hilfssignal reproduziert wird"[1]. Jene traumatische Hilflosigkeit, phylogenetisch verankert im Naturzustand, hinterläßt bei Freud eine übersteigerte Aversion gegen diesen, die ihn zum Apologeten der Kultur werden läßt[2]. Die Selbster-

---

[1] Freud, Hemmung, Symptom und Angst, S. 303f. Fragwürdig ist auch hier die Einführung der "Bedrohlichkeit" als universell gültige Konstante (vgl. a. Guzzoni, Identität oder nicht, S. 52 u. Habermas, Technik, S. 55.).

[2] Der Gedankengang des folgenden Zitats aus "Die Zukunft einer Illusion" ist in seinem Hobbesschen Pessimismus des "Leviathan" grundlegend auch für Adornos Konzeption der "Dialektik der Aufklärung", die jedoch nicht in die Freudsche Teleologie mit einstimmt; er verdient daher ungekürzt wiedergegeben zu werden:

haltungstriebe sind für Adorno das Movens, das Ausleben der Sexualtriebe das Telos der Geschichte: wo Ich ist, soll Es werden (vgl. GS 8, 56f.). Selbsterhaltung bewirkt also die Trennung von Subjekt und Objekt, diese wiederum die Verdoppelung der Natur in Schein und Wesen, in Wirkung und Kraft. Die symbolhafte Besetzung naturaler Gegebenheiten - z. B. die Beschreibung des Baumes als Sitz des Mana - war die "Urform objektivierender Bestimmung, in der Begriff und Sache auseinandertraten" (DA, 18).

Die Trennung von Subjekt und Objekt ist die Grundvoraussetzung der Identifizierung, wenn sie auch durch jene nie ganz aufgehoben wird. Identität bedeutet Immanenz, also die Erklärung jeden Geschehens als Wiederholung. Das "Ritual der Wiederholung" (ND, 125) ist der erinnernde Rekurs auf die "Urtat" der Götter oder die "Untat" der Menschen, welche die Geschichte als Schicksalsverhängnis in Gang setzt. Diese Einma-

---

"Aber wie undankbar, wie kurzsichtig überhaupt, eine Aufhebung der Kultur anzustreben! Was dann übrigbleibt, ist der Naturzustand und der ist weit schwerer zu ertragen. Es ist wahr, die Natur verlangte von uns keine Triebeinschränkungen, sie ließe uns gewähren, aber sie hat ihre besonders wirksame Art, uns zu beschränken, sie bringt uns um, kalt, grausam, rücksichtslos wie uns scheint, möglicherweise gerade bei den Anlässen unserer Befriedigung. Eben wegen dieser Gefahren, mit denen die Natur uns droht, haben wir uns ja zusammengetan und die Kultur geschaffen, die unter anderem auch unser Zusammenleben möglich machen soll. Es ist ja die Hauptaufgabe der Kultur, ihr eigentlicher Daseinsgrund, uns gegen die Natur zu verteidigen.
Es ist bekannt, daß sie es in manchen Stücken schon jetzt leidlich gut trifft, sie wird es offenbar später einmal viel besser machen. Aber kein Mensch gibt sich der Täuschung hin zu glauben, daß die Natur jetzt schon bezwungen ist; wenige wagen zu hoffen, daß sie einmal dem Menschen ganz unterworfen sein wird. Da sind die Elemente, die jedem menschlichen Zwang zu spotten scheinen, die Erde, die bebt, zerreißt, alles Menschliche und Menschenwerk begräbt, das Wasser, das im Aufruhr alles überflutet und ersäuft, der Sturm, der es wegbläst, da sind die Krankheiten, die wir erst seint kurzem als die Angriffe anderer Lebewesen erkennen, endlich das schmerzliche Rätsel des Todes, gegen den bisher kein Kräutlein gefunden wurde und wahrscheinlich keines gefunden wird. Mit diesen Gewalten steht die Natur wider uns, großartig, grausam, unerbittlich, rückt uns wieder unsere Schwäche und Hilflosigkeit vor Augen, der wir uns durch die Kulturarbeit zu entziehen gedachten. Es ist einer der wenigen erfreulichen und erhebenden Eindrücke, die man von der Menschheit haben kann, wenn sie angesichts einer Elementarkatastrophe ihrer Kulturzerfahrenheit, aller inneren Schwierigkeiten und Feindseligkeiten vergißt und sich der großen gemeinsamen Aufgabe, ihrer Erhaltung gegen die Übermacht der Natur, erinnert" (S. 95f.).

ligkeit des mythischen Vorgangs, die den faktischen legitimieren soll, ist Trug. So war der Raub der Göttin (Persephone) eins mit dem Sterben der Natur. Dieser Vorgang wurde auf die Jahreszeit des Verfalls, den Herbst, übertragen. Somit meinen "Mythen wie magische Riten (..) die sich wiederholende Natur" (DA, 19).

Dieses mythische Moment der Wiederholung setzt sich auch in der Kulturindustrie fort. Ihre charakteristischen Neuerungen bestehen lediglich in Verbesserungen der Massenproduktion; dies ist dem System nicht äußerlich.

Adorno differenziert, auch im Rekurs auf Freud, die menschlichen Reaktionsformen auf die Übermacht der Naturverhältnisse in drei Entwicklungsstufen: 1) die mimetische, 2) die mythische und 3) die metaphysische Reaktionsform. Schumacher z. B. faßt als Vertreter orthodox-marxistischer Position die zweite und dritte Stufe der Naturbeherrschung zur "rational-mechanischen B ä n d i g u n g d e r N a t u r durch die bürgerliche Gesellschaft mit Ausnahme ihrer eigenen 'Natur'"[1] zusammen. Die eschatologische Version Schumachers, in der das nachbürgerliche Stadium "in der umfassenden dialektischen Erkenntnis und B e h e r r s c h u n g d e r N a t u r u n d G e s e l l s c h a f t"[2] bestehen wird, trägt - in solcher Abbreviatur - jene Züge der totalitären Gesellschaft, die der "bestimmten Negation" zum Objekt der Kritik werden. Die bestimmte Negation ist, nach Hegel, das Element, welches Aufklärung von positivistischem Zerfall unterscheidet (vgl. DA, 25).

Adornos Konzeption der ratio als "Mimesis ans Tote" (DA, 53) schließt den verhängnisvollen Kreislauf der Geschichte und verurteilt sie zur "Naturgeschichte". "Solange durch den Tausch geherrscht wird, solange herrscht auch der Mythos" (ST, 48).

Aber auch Adornos Begriff des Mythos bleibt mythisch, da so-

---

1 Schumacher, Chaos, S. 107.
2 Ebd.

wohl

> "Vieldeutigkeit, Ungeschiedenheit und Immergleichheit archaischer Natur, der Wiederholungs- und Zwangscharakter naturaler Prozesse wie auch deren Spiegelungen im archaischen Bewußtsein, die frühen Stufen der Weltdeutung und -bewältigung unter Mythos firmieren"[1].

Adornos Mythosbegriff sperrt sich ebenso wie der von Freud und Max Weber gegen eine theoretische Erfahrung. Bei Freud wäre dieser Sammelbegriff mit Metapsychologie, bei Weber mit Metasoziologie, bei Adorno und Horkheimer mit Metaanthropologie zu übersetzen[2].

Der innerste Grund für den Scheincharakter des Mythos ist der Betrug am Opfer, und die Geschichte ist die seiner Introversion (vgl. DA, 48). Nach Benjamin herrscht der Mythos, solange es noch den letzten Bettler gibt. Für Adorno impliziert dieser eschatologische Umschlag das Moment des ungesühnten Vergessens akkumulierten Leids.

2.3 Die Idee der Naturgeschichte

"Naturgeschichte ist nicht eine Synthese natürlicher und geschichtlicher Methoden, sondern eine Perspektivenänderung" (GS 1, 356). Sie hat das Paradoxon zum zentralen Problem, daß die Naturwüchsigkeit der Entwicklung kapitalistischer Gesellschaft real ist und zugleich Schein. Sie analysiert als ideologiekritische Konzeption den Naturcharakter der Geschichte, das geschichtlich gewordene Verhältnis von Natur und Geschichte "als eines der Identität von Identität und Nichtidentität"[3].Die Idee der Naturgeschichte ist - in dem gleichnamigen Vortrag aus dem Jahre 1932 wenn auch nur angedeutet, so doch in der "Negativen Dialektik" expliziert - als Auslegung der Marxschen Unterscheidung von Vorgeschichte und Geschichte gedacht. Geschichte bleibt Vorgeschichte, weil die anfängliche Naturverfallenheit nicht überwunden, sondern nur mit den Mitteln der Moderne in neuer Gestalt reproduziert wurde. War Selbsterhaltung urgeschichtlich die "leibliche Angleichung an Natur" (DA, 190), so wird sie geschichtlich-vor-

---

1 Rath, Adornos Kritische Theorie, S. 118.
2 Vgl. ebd.
3 Lüdke, "Logik des Zerfalls", S. 71.

geschichtlich durchgesetzt mittels der Reduktion von Natur zum gleichgeltenden, beliebigen Stoll der Reproduktion: Natur, ehedem "Gegebenes" wird in "Produziertes" transformiert.

Marx, der "'die Entwicklung der ökonomischen Gesellschaftsformation als einen naturgeschichtlichen Prozeß'"[1] auffaßt, hat dies gegen Hegel erkannt, "und zwar streng im Zusammenhang mit dem über die Köpfe der Subjekte sich realisierenden Allgemeinen" (ND, 347). Hegel, der Apologet des Unwandelbaren, Immergleichen, verklärt hingegen den Mythos mit den Worten Geist und Versöhnung zum Sinnvollen, Sinnstiftenden[2]. Die Kategorie der Zufälligkeit, ebenso die der Kontingenz der Neu-Ontologen, umgeht die Deskription, ganz zu schweigen von der ätiologischen Kritik erfahrbaren und erfahrenen Leids und bedeutet dessen emphatische Diffamierung. Hegels Kategorie der "Nothwendigkeit" wiederum findet ihre Apologie in der jüngsten Verkehrung Marxscher Motive: dem "Diamat". Er prolongiert das Reich der Notwendigkeit mit der Beteuerung, es wäre das der Freiheit, um "den polemischen Marxschen Begriff der Naturgesetzlichkeit aus einer Konstruktion der Naturgeschichte in eine szientifische Invariantenlehre umzufälschen" (ND, 348). Hegels "Naturgeschichte" ist der Weltgeist.

Marx hingegen hat die Geschichte von zwei Seiten betrachtet: die Geschichte der Natur und die Geschichte der Menschheit. "Beide Seiten sind indes nicht zu trennen; solange Menschen existieren, bedingen sich Geschichte der Natur und Geschichte der Menschheit gegenseitig"[3].

Adorno erweist sich jedoch als der "bessere" Hegelianer:

---

[1] Marx, Das Kapital, Bd. 1, z. n. ND, S. 347.
[2] "'Was von der Natur des Zufälligen ist, dem widerfährt das Zufällige, und dieses Schicksal eben ist somit die Nothwendigkeit, wie überhaupt Begriff und die Philosophie den Gesichtspunkt der bloßen Zufälligkeit schwinden macht und in ihr, als dem Schein, ihr Wesen, die Nothwendigkeit, erkennt. Es ist nothwendig, daß das Endliche, Besitz und Leben als Zufälliges gesetzt werde, weil dieß der Begriff des Endlichen ist. Diese Nothwendigkeit hat einer Seits die Gestalt von Naturgewalt und alles Endliche ist sterblich und vergänglich'" (Hegel, WW 7, z. n. ND, S. 350).
[3] Marx, Die deutsche Ideologie, z. n. ND, S. 351.

"wenn die Frage nach dem Verhältnis von Natur und Geschichte ernsthaft gestellt werden soll, bietet sie nur dann Aussicht auf Beantwortung, wenn es gelingt, das geschichtliche Sein in seiner äußersten geschichtlichen Bestimmtheit, da, wo es am geschichtlichsten ist, selber als ein naturhaftes Sein zu begreifen, oder wenn es gelänge, die Natur da, wo sie als Natur scheinbar am tiefsten in sich verharrt, zu begreifen als ein geschichtliches Sein" (GS 1, 354).

Die Bausteine für ein naturgeschichtliches Gedankengebäude glaubt Adorno den Philosophien Lukacs' ("Theorie des Romans") und Benjamins ("Ursprung des deutschen Trauerspiels") entnehmen zu können. Lukacs prägt den Begriff der "zweiten Natur" als ideologiekritische Explikation des "beschädigten Lebens" (MM, 1) in der "Welt der Konvention"[1]. Lukacs hat, nach Adorno, zwar das Problem der Deutung von Geschichte in dem Ausdruck der "Schädelstätte"[2] anvisiert, aber die Wiedererwekkung zweiter Natur in messianisch-eschatologischer Dimension belassen, indem er Subjekt und Objekt der Geschichte identifiziert[3].

Erst Benjamin holt mit seinem Begriff der "Vergängnis" die "Wiedererweckung der zweiten Natur aus der unendlichen Ferne in die unendliche Nähe und macht sie zum Gegenstand der philosophischen Interpretation" (GS 1, 355).

2.3.1 Rekurs auf Lukacs

Lukacs' Begriff der "zweiten Natur" als "Schädelstätte vermoderter Innerlichkeiten"[4] ist in "Geschichte und Klassenbewußtsein" an die Kategorie der Verdinglichung, also an "eine eigentümliche Assimilierung von gesellschaftlichen Beziehungen und Erlebnissen an Dinge, d. h. an Objekte, die wir wahrnehmen und manipulieren können"[5], gebunden. Interpersonale Beziehun-

---

1 Lukacs, Theorie des Romans, S. 62.
2 Ebd., S. 62.
3 "Das Umschlagen des 'zugerechneten' Bewußtseins in revolutionäre Praxis erscheint hier - objektiv betrachtet - als das reine Wunder" (ders., Geschichte und Klassenbewußtsein, S. 19).
4 Ders., Theorie des Romans, S. 62.
5 Habermas, Theorie des kommunikativen Handelns, Bd. 1, S. 475.

gen und subjektive Erlebnisse werden, nach Habermas, als Entitäten aufgefaßt, "die zur objektiven Welt gehören, obgleich sie in Wahrheit Bestandteile unserer gemeinsamen sozialen oder der je eigenen Welt sind"[1].

Die Gleichsetzung von Verdinglichung und Entfremdung, die Lukacs vornimmt, folgt Hegel insofern, als bei jenem Entfremdung und die Setzung von Gegenständlichkeit in dem Terminus "Entäußerung" zusammenfallen.

> "Das identische Subjekt-Objekt muß deshalb, indem es die Entfremdung aufhebt, zugleich auch die Gegenständlichkeit aufheben. Da jedoch der Gegenstand, das Ding bei Hegel nur als Entäußerung des Selbstbewußtseins existiert, wäre deren Rücknahme ins Subjekt ein Ende der gegenständlichen Wirklichkeit überhaupt"[1].

So revidiert sich Lukacs selbst, wenn er in dem 1960 verfaßten Vorwort zu "Geschichte und Klassenbewußtsein" schreibt:

> "(..) die Vergegenständlichung ist tatsächlich eine unaufhebbare Äußerungsweise im gesellschaftlichen Leben der Menschen. Wenn man bedenkt, daß jede Objektivation in der Praxis, so vor allem die Arbeit selbst eine Vergegenständlichung ist, daß jede menschliche Ausdrucksweise, so auch die Sprache, die menschlichen Gedanken und Gefühle vergegenständlicht usw., so ist evident, daß wir es hier mit einer allgemein menschlichen Form des Verkehrs der Menschen miteinander zu tun haben"[3].

Die ursprünglichen Ausführungen Lukacs', eben die der Identifizierung von Entfremdung und Verdinglichung, müssen nun auf das "Praktischwerden der Philosophie", einem Marxschen Terminus, der sich die Perspektive der junghegelianischen "Philosophie der Tat" zu eigen macht, hoffen. Die Verdinglichungstheorie ist im Hinblick auf einen versöhnten Zustand der Entwicklung objektiver Vernunft ausgeliefert, welche aber, nach Weber, im Zerfall begriffen ist. Dieser Rekurs auf Weber veranlaßt Lukacs, nach der Interpretation von Habermas, die Theorie der Verdinglichung durch eine des Klassenbewußtseins zu ergänzen[4].

---

1 Ebd.
2 Lukacs, Geschichte und Klassenbewußtsein, S. 25. - Herv. T.L.
3 Ebd., S. 26.
4 Vgl. Habermas, Theorie des kommunikativen Handelns, Bd. 1, S. 486.

Diese Wendung kann Adorno aufgrund der politischen Entwicklung in der Sowjetunion nicht mitvollziehen. Stellvertretend kann hier eine Bemerkung Horkheimers aus dem Jahre 1931 zitiert werden:

> "wer Augen für die sinnlose, keineswegs durch technische Ohnmacht zu erklärende Ungerechtigkeit der imperialistischen Welt besitzt, wird die Ereignisse in Rußland als den fortgesetzten, schmerzlichen Versuch betrachten, diese furchtbare gesellschaftliche Ungerechtigkeit zu überwinden, oder er wird klopfenden Herzens fragen, o b d i e s e r V e r s u c h n o c h a n d a u e r e"[1].

Spätestens 1934 werden die politischen Verhältnisse von den "Frankfurtern" als "revolutionäre Despotie"[2] gedeutet.

Infolgedessen erscheint für Adorno die Wiedererweckung der ersten Natur in der zweiten, also Versöhnung, bei Lukacs lediglich noch als eschatologische Möglichkeit. Statt aber die Identifizierung von Entfremdung und Verdinglichung zu problematisieren, rettet sich Adorno durch die Anknüpfung an die Philosophie Benjamins vor einer Stellungnahme.

Zweite Natur ist eine Welt, der "vom Menschen geschaffenen und ihm verlorenen Dinge" (GS 1, 355), ohne "lyrische Substantialität, deren Allgewalt allein das Innerste der Seele entzogen ist"[3]. Ebenso wie zweite Natur ist die erste, jene im Sinne der Naturwissenschaften, entfremdet.

Das Ich erfährt die Welt als absolut Fremdes. Das "Geheimnis" hierzu liegt in dem Wesen der Warenstruktur; es beruht darauf,

> "daß eine Beziehung zwischen Personen den Charakter einer Dinghaftigkeit und auf diese Weise eine 'gespenstige Gegenständlichkeit' erhält, die ihrer strengen, scheinbar völlig geschlossenen und rationellen Eigengesetzlichkeit jede Spur ihres Grundwesens, der Beziehung zwischen Menschen verdeckt"[4].

Die Lukacssche Perspektive ergibt sich somit aus der Betrach-

---

1 Horkheimer, z. n. Dubiel, Wissenschaftsorganisation und politische Erfahrung, S. 28. - Herv. T.L.

2 Ders., Rationalismusstreit, S. 36.

3 Lukacs, Theorie des Romans, S. 61.

4 Ders., Geschichte und Klassenbewußtsein, S. 170f.

tung des Fetischcharakters der Ware, als Gegenständlichkeitsform und dem ihr zugeordneten Subjektverhalten.

Zweite Natur ist also ein Produkt der Verdinglichung. Sie gewinnt den Charakter der Unmittelbarkeit erster Natur. Mit dem Begriff der zweiten Natur wird opponiert dagegen, daß Geschichte sich in Natur zurückverwandelt, in der die Menschen sich nicht heimisch fühlen können. "So erhält der Begriff der 'zweiten Natur' die Dimension des Protests gegen die Verkehrung der Vernunft in sich selbst"[1].

Zweite Natur tritt mit der gleichen unerbittlichen Gesetzmässigkeit den Menschen gegenüber wie es früher die irrationalen Mächte getan haben. "Die Einzigartigkeit des Kapitalismus besteht darin, daß er alle 'Naturschranken' aufhebt und die Gesamtheit der Beziehungen der Menschen in rein gesellschaftliche verwandelt"[2]. Gesellschaft nimmt den Kampf um Selbsterhaltung in sich hinein. Diese im Rekurs auf Marx gewonnene These läßt Natur zur gesellschaftlichen Kategorie werden. Im Gefolge von Marx vertraten z. B. auch Max Adler und Lunatscharski diese Auffassung[3]. Vor allem findet sich diese Interpretationsweise aber im französischen Existentialismus, nicht ohne Einwirkung von "Geschichte und Klassenbewußtsein", wie Lukacs selbst betont[4].

Die marxistische Fundamentalkategorie der Arbeit wird bei Lukacs vernachlässigt zugunsten der "Erkenntnis der Gesellschaft und der in ihr lebenden Menschen"[5]. Mit der Arbeit als Vermittler des Stoffwechsels der Gesellschaft mit der Natur "verschwindet" die ontologische Objektivität der Natur als Grundlage des Stoffwechsels. So wird auch bei Adorno die Kategorie der Arbeit durch komplizierte Strukturen der entwik-

---

1 Köhler, Konzeption einer kritischen Theorie, S. 70.
2 Lukacs, Geschichte und Klassenbewußtsein, S. 306.
3 "Das eigentliche Problem des Natureinflusses auf die Geschichte liegt erst dort, wo es sich um die durch den gesellschaftlichen Arbeitsprozeß beständige und meist sogar unmerkliche Beeinflussung der gesellschaftlichen Erscheinungen und Vorgänge handelt" (Adler, Natur und Gesellschaft, S. 68).
4 Vgl. Lukacs, Geschichte und Klassenbewußtsein, S. 15f.
5 Ebd., S. 16.

kelten Warenwirtschaft ersetzt[1]. Totalität gewinnt bei Lukacs wie bei Adorno Priorität gegenüber der Ökonomie, nicht zuletzt aufgrund ihrer Wiederentdeckung Hegels. Lukacs setzt das Verhältnis zwischen der Totalität und ihren einzelnen Momenten als ein wechselseitiges. "Sämtliche Kulturphänomene seien als durch die Kultur vermittelt zu sehen, und nicht als bloße Widerspiegelung von Klasseninteressen"[2].

Lukacs' theoretische Wende vollzog sich mit den "Blumthesen" im Jahre 1929. In einer verbitterten "Grabrede" (GS 11, 251), in der Adorno den "frühen" Lukacs verabschiedet, unterstellt er dem "späten" Lukacs undialektisches Denken.

> "Lukacs hat die subalternsten Einwände der Parteihierarchie unter Mißbrauch Hegelscher Motive gegen sich selbst zu eigen gemacht und jahrzehntelang in Abhandlungen und Büchern sich abgemüht, seine scheinbar unverwüstliche Denkkraft dem trostlosen Niveau der sowjetischen Denkerei gleichzuschalten, die mittlerweile die Philosophie, welche sie im Munde führte, zum bloßen Mittel für Zwecke der Herrschaft degradiert hatte" (GS 11, 251).

2.3.2 Benjamins Begriff der "Vergängnis"

Aus der Perspektive der Geschichtsphilosophie stellt sich die Frage des Erkennens der gestorbenen, erstarrten Welt. Das Problem der Deutung ist auch bei Lukacs gestreift, wenn er erste Natur als "stumm, sinnfällig und sinnesfremd" von zweiter Natur abhebt und jene als "fremdgewordenen, die Innerlichkeit nicht mehr erweckenden Sinneskomplex" und als eine "Schädelstätte vermoderter Innerlichkeiten"[3] beschreibt. Zwischen der Deskription des Chiffrenhaften und der Utopie metaphysicher Erweckung aber fehlt die "Versenkung ins Bruchstück" (GS 11, 204), durch die Totalität sich vermittelt.

---

[1] Einem Studenten gegenüber äußerte Adorno einmal seinen Widerwillen gegen die Ökonomie: so zeigt sich einmal mehr die tiefe Verflochtenheit von Theorierezeption bzw. -produktion einerseits und persönlichkeitsstrukturellen Dispositionen wie biographischen Daten andererseits.

[2] Jay, Dialektische Phantasie, S. 78.

[3] Lukacs, Theorie des Romans, S. 61f.

Benjamins Verdienst ist die Einführung des Begriffs "Vergänglichkeit". An dieser Stelle gerät Adornos "Idee der Naturgeschichte" zur Explikation Benjaminscher Position. Vergänglichkeit ist, nach Adorno, "der tiefste Punkt, in dem Geschichte und Natur konvergieren" (GS 1, 357). Sie ist die oberste Kategorie menschlichen Daseins, in der "Urgeschichte absolut präsent" (GS 1, 360) sich zeigt.

> "Sie ist es im Zeichen von 'Bedeutung'. Der Terminus 'Bedeutung' heißt, daß die Momente Natur und Geschichte nicht ineinander aufgehen, sondern daß sie zugleich auseinanderbrechen und sich so verschränken, daß das Natürliche auftritt als Zeichen für Geschichte und Geschichte, so sie sich am geschichtlichsten gibt, als Zeichen für Natur" (GS 1, 360).

So dechiffriert sich zweite Natur dadurch, daß als ihre Bedeutung klar wird eben ihre Vergänglichkeit; zweite Natur ist erste.

Während Lukacs "das Historische als Gewesenes in Natur sich zurückverwandeln läßt" (GS 1, 358), erscheint bei Benjamin Natur als vergängliche. "Natur schwebt ihnen (den allegorischen Dichtern) vor als ewige Vergängnis, in der allein der saturnische Blick jener Generation die Geschichte erkannte"[1]. Nach Benjamin verwandelt sich "unter dem radikal naturgeschichtlichen Denken (...) alles Seiende in Trümmer und Bruchstücke" (GS 1, 360) mittels der Allegorie, welche die Bedeutung transportiert. "Urgeschichte ist wirklich gegenwärtig als Ruine"[2].

Benjamin nimmt eine Sachbeziehung zwischen der Allegorie, also dem Ausdruck[3], und dem allegorisch Gemeinten an: Ruine bezeichnet Gegenständliches, Allegorie hingegen Gedankliches. Philosophische Kritik hat diese Sachbeziehung zu beweisen. Allegorie ist deshalb nicht nur Kunstform; "alles Sein oder wenigstens alles gewordene Sein, alles gewesene Sein" (GS 1, 360) verwandelt sich in sie. Metaphysik geht über in Geschichte (vgl. ND, 353). Wie die "Einfühlung des Historismus" unterliegt auch die Allegorie subjektiver Willkür. Das Wissen

---

[1] Benjamin, Ursprung des deutschen Trauerspiels, S. 253.
[2] Ebd., S. 197.
[3] "So wie Sprache Ausdruck ist, ja so wie Schrift" (ebd., S. 178).

verliert sich im "leeren Abgrund" des Unendlichen, aber ebenso im "Abgrund bodenlosen Tiefsinns"[1]. Dies ist die dialektische Grenze der Allegorie. Erst die erneute allegorische Interpretation der Allegorie weist aufs Ganze, welches noch zu erstellen wäre. Die "zweite Allegorese" aber gestattet nur Konstellation konstellativ verbundener, gegebener Elemente: "ein plötzliches und momentanes Aufblitzen einer Wirklichkeit, die nicht Totalität sei"[2]. Die Allegorie ist destruktiv, da sie das vorzustellende Ganze analytisch zerbricht und seine Fragmente zu Variablen degradiert. Sie ist definiert durch ihre eigene Überwindung, deshalb ist die Allegorie "am bleibendsten dort angesiedelt, wo Vergänglichkeit und Ewigkeit am nächsten zusammenstoßen"[3], also im Übergang zum Symbol. In ihm soll "der geschichtlich unterdrückten und vergessenen Natur (...) zum Bestand verholfen werden"[4]. Erst im versöhnten Zustand, Voraussetzung seiner Inauguration, ist der Menschheit

> "ihre Vergangenheit in jedem ihrer Momente zitierbar geworden (...), denn es ist ein unwiederbringliches Bild der Vergangenheit, das mit jeder Gegenwart zu verschwinden droht, die sich nicht in ihm gemeint erkannte"[5].

So aber steht sie für das Leiden der Natur, indem sie "genau das Nichtsein dessen, was es vorstellt"[6], bedeutet. Die Allegorie dieses Nichtseins ist das Naturschöne "trotz seiner Vermittlung durch die gesellschaftliche Immanenz" (ÄT, 108). Erscheint sie "als der erreichte Stand der Versöhnung (...), so erniedrigt sie sich zum Behelfsmittel, den unversöhnten Zustand zu verschleiern und zu rechtfertigen, in dem solche Schönheit möglich sei" (ÄT, 108).

Adorno eignet sich die Benjaminsche Kategorie des Allegorischen an, um ein Programm der "Deutung des Intuitionslosen" durch "Zusammenstellung des Kleinsten" zu entwerfen, "das der

1 Ebd., S. 262.
2 Jay, Dialektische Phantasie, S. 73.
3 Benjamin, Ursprung des deutschen Trauerspiels, S. 253.
4 Tiedemann, Studien zur Philosophie Benjamins, S. 52.
5 Benjamin, Geschichtsphilosophische Thesen, S. 269f.
6 Ders., Ursprung des deutschen Trauerspiels, S. 265.

Selbstgewißheit der 'autonomen ratio' abschwört"[1]. Es geht ihm um die Herstellung von Modellen, die sich dem Gesetz versagen[2]. Adornos Modelle, "mit denen die ratio prüfend, probierend einer Wirklichkeit sich nähert" (GS 1, 341), unterscheiden sich von reinen Beispielen dadurch, daß sie sich von deren Gleichgültigkeit abheben. Sie konstituieren sich über "Ideen". Ideen sind "die objektive, virtuelle Anordnung" der Phänomene, "sie sind deren objektive Interpretation (...). Die Ideen verhalten sich zu den Dingen wie die Sternbilder zu den Sternen"[3]. Sie sind ewige Konstellationen, in denen die Phänomene nicht einverleibt sind. Die Idee ist das Extrem einer Gattung oder Form.

So wie Adorno Benjamins philosophische Arbeiten als "Kommentar und Kritik von Texten" (ÜWB, 9) charakterisiert, bezeichnet er sein eigenes Werk als "Antisystem" (ND, 10). Seine Insistenz auf Mikrologie, der "Versenkung ins Bruchstück", bringt ihn wie Benjamin in Distanz zu Hegel und Marx, die auf die Kategorie der universellen Vermittlung, welche Totalität stiftet, schwören. Diese Position des Blicks auf das Allgemeine als Stigma deduktiven Vorgehens, der auch Lukacs und Horkheimer folgen, ist zwar für Adorno von methodologischer Relevanz, doch nimmt er Abstand von deren Monismus. Monistisch aber bleibt auch Benjamins Perspektive, die, nach Adorno, den Materialismus aus den Augen zu verlieren droht: "die materialistische Determination kultureller Charaktere ist möglich nur vermittelt durch den G e s a m t p r o z e ß" (ÜWB, 239).

Im Jahre 1939 expliziert Adorno die "unversöhnte Verschmelzung" der Modelle Horkheimers und Benjamins: "weil das einzelne Phänomen in sich die gesamte Gesellschaft birgt, kontrapunktieren Mikrologie und Vermittlung einander" (GS 8, 322). Diese dialektische Ambivalenz verleitet Jay zu der

---

1 Habermas, Theorie des kommunikativen Handelns, Bd. 2, S. 559.

2 Adorno lehnt es z. B. im Rahmen der Erörterung des Verhältnisses von Soziologie und Psychologie ab, beide Disziplinen in systematischer Weise zu verbinden, so wie dies in den Arbeiten von Fromm und später bei Parsons geschieht (vgl. dazu Jay, Dialektische Phantasie, S. 80).

3 Benjamin, Ursprung des deutschen Trauerspiels, S. 15f.

Feststellung, daß Adornos Philosophie gerade durch die unversöhnte Verschmelzung an Kraft gewinne[1].

Adornos Quintessenz seiner Analysen der Texte von Lukacs und Benjamin ist die, daß es sich bei naturgeschichtlichem Denken darum handeln muß, "nicht epochenweise Urbilder zu gewinnen, sondern die geschichtliche Faktizität in ihrer Geschichtlichkeit selbst als naturgeschichtlich einzusehen" (GS 1, 361).

Die philosophische Realisation dieses Vorhabens findet sich in der "Dialektik der Aufklärung". Hier wird der naturgeschichtliche Prozeß zurückverfolgt bis zum Beginn des Objektivierungsprozesses auch des Menschen selbst, der Trennung von Subjekt und Objekt.

---

[1] Vgl. Jay, Dialektische Phantasie, S. 108.

3 ZUM STRUKTURMODELL FREUDS

Adornos (Anti-)Konzept der ersten, inneren Natur beruht im wesentlichen auf seiner Rezeption des Freudschen Strukturmodells, des Zusammenwirkens der psychischen Instanzen Es, Ich und Über-Ich. Deshalb gilt es zunächst, in wenigen Worten auf die psychoanalytische Theorieentwicklung einzugehen, um dann auf dem Hintergrund ihrer vergegenwärtigten Entstehungsgeschichte Freuds "jüngste" Hypothese zu diskutieren.

Freud unternahm in der "Traumdeutung"[1] den ersten veröffentlichten Versuch, ein Modell des psychischen Apparates zu konstruieren, der jedoch zunächst sehr geringe Resonanz erfuhr. Er verstand diesen Apparat als lineare Verkettung vieler psychischer Komponenten, die sich vom Wahrnehmungssystem bis zum motorischen System erstreckte. Mit zunehmender Einsicht in die - nichtlineare - Komplexität der psychischen Organisation entwickelte er ein topographisches System[2], das er in die Kategorien Bewußtes (System Bw), Vorbewußtes (System Vbw) und Unbewußtes (System Ubw) untergliederte[3]. "Bewußt" soll vorerst die "unmittelbarste und sicherste Wahrnehmung"[4] heißen; "vorbewußt" hingegen bezeichnet das Latente, welches jederzeit bewußtseinsfähig ist. "Unbewußt" schließlich meint das dynamisch Verdrängte[5].

Bei dieser Differenzierung handelt es sich lediglich um kategoriale Bestimmungen subtilster Abstufungen des Bewußtseins. Dem Modell der Bewußtseinszustände folgte dann die "Strukturhypothese"[6]; auch sie folgt der "Zerlegung der psychischen

---

1 Genauer: im letzten Kapitel der im Jahre 1900 erschienen "Traumdeutung".
2 S. den Aufsatz "Das Unbewußte" aus dem Jahre 1915. Jene Bezeichnung dient in der Sekundärliteratur der Unterscheidung zwischen der Strukturhypothese und ihrem Vorläufer (vgl. Brenner, Grundzüge der Psychoanalyse, S. 43.
3 Die Abkürzungen verweisen auf den systematischen - als Abgrenzung zum deskriptiven oder zum dynamischen - Gebrauch der Begriffe.
4 Freud, Ich und Es, S. 283.
5 In seinem Aufsatz "Das Unbewußte" (S. 131) ordnet Freud auch zeitweilig unbewußte Akte dem Unbewußten zu, während er in "Das Ich und das Es" (S. 287) auch einen Teil des Ichs für unbewußt erklärt.
6 Entwickelt in "Das Ich und das Es"; Strukturen heißen ihm die drei Komplemente des seelichen Apparates Ich, Es und Über-Ich.

Persönlichkeit"[1] nach funktionalen Aspekten, ohne daß jedoch die Triplizität der Strukturen Es, Ich und Über-Ich mit den Systemen Bw, Vbw und Ubw des topographischen Modells, deren Begrifflichkeit Freud beibehält, zu identifizieren sind[2].

3.1 Es

Aufgrund begrifflicher Ungenauigkeit und Mißverständlichkeit der Bezeichnung "System Ubw" sah sich Freud zu einer Namensänderung genötigt; seit dem Jahre 1923[3] nannte er jene Instanz, die sich scharf von der Gruppe der Bw-Vbw-Systeme abhob, das "Es".

Das Es umfaßt die psychischen Repräsentanzen der Triebe; Repräsentanz meint hier, daß ein Trieb nur als Vorstellung oder Affektzustand, also "Besetzung von Erinnerungsspuren"[4], zum Objekt des Bewußtseins werden kann. Der Trieb ist e i n Reiz für das Psychische und damit ihm untergeordnet. Er wirkt im Gegensatz zu diesem nicht momentan , sondern konstant . Wie der Reiz ist also auch der Trieb ein physiologischer Terminus, dessen historische Bedingtheit Freud gleichzeitig hervorhebt[5]; im Gegensatz zu äußeren Reizen ist der Triebreiz, der "Bedürfnis" heißen soll, nicht durch Fluchtreaktionen bezwingbar[6].

Für sich allein könnte das Es unter normalen Verhältnissen "keine zweckmäßigen Muskelaktionen zustandebringen, mit Ausnahme jener, die bereits als Reflexe organisiert sind"[7]; diese Vermittlung bewerkstelligt das Ich.

Die unbewußten Vorgänge kennen keine Rücksicht auf die Reali-

---

1 Titel der 31. Vorlesung der "Neuen Folge".
2 Die topograpischen Termini sind notwendige Begriffe der strukturhypothetischen Trias; sie stehen für die Räumlichkeiten, in denen die psychischen Instanzen agieren.
3 Freud, Ich und Es, S. 292ff.
4 Ders., Das Unbewußte, S. 137.
5 Vgl. ders., Jenseits des Lustprinzips, S. 246.
6 Das Krankheitsbild der Phobie ist allerdings durch die Übertragung innerer auf äußere Reize charakterisiert, so daß der unter einer Phobie Leidende sich auch diesen Reizen entziehen kann (vgl. ebd, S. 252).
7 Ders., Das Unbewußte, S. 146.

tät; ihr "Handlungsprinzip" ist von der Polarität Aktivität vs. Passivität bestimmt; d. h., das Ziel der Triebe ist ihre Befriedigung, der Abbau von inneren Spannungen. Der Trieb ist ein "Grenzbegriff zwischen Seelischem und Somatischem"[1], dessen Drang sich als "Summe von Kraft oder das Maß von Arbeitsanforderung, das er repräsentiert"[2], definieren läßt.

Welche Triebe konstatiert Freud nun?
Der eigentliche ungehemmte Sexualtrieb[3] ist der Ausgangspunkt der Freudschen Trieblehre, die er wiederum als die "Mythologie" der Psychoanalyse bestimmt[4]; sein Bestreben ist es, das Organische zu immer größeren Einheiten zusammenzufassen. Aus ihm leiten sich stufenlos zielgehemmte und sublimierte Triebregungen ab, "auf welche das wertvollste an der menschlichen Kultur aufgebaut ist"[5]. Verstehen wir den "rastlosen Drang zu weiterer Vervollkommnung" als "Folge der Triebverdrängung"[6], so bedarf die "bisherige Entwicklung des Menschen (...) keiner anderen Erklärung (...) als die der Tiere"[7].

Den Gegenpol zur Libido und ihren "Sprößlingen" bildet der erst 1920 in die psychoanalytische Theorie inaugurierte Todestrieb und sein Hauptvertreter, der Aggressionstrieb. Freud sah die Unzulänglichkeit seines Ansatzes, Tatsachen wie die der Wiederholung, der Aggressivität, des Hasses usw. mit dem von der Realität modifizierten Luststreben erklären zu können, so daß ihm einzig die Hypostasierung einer Antithese zur Libido blieb.

Sexual- und Todestrieb sind im strengsten Sinne konservativ, "indem sie die Wiederherstellung eines durch die Entstehung des Lebens gestörten Zustandes anstreben"[8], ohne daß jedoch der Tod das einzige Ziel des Lebens sei; "wir übersehen nicht

1 Ders., Triebe und Triebschicksale, S. 85.
2 Ebd.
3 Vgl. ders., Ich und Es, S. 307.
4 Vgl. ders., Angst und Triebleben, S. 101.
5 Ders., Jenseits des Lustprinzips, S. 251.
6 Ebd.
7 Ebd.
8 Ders., Ich und Es, S. 307, vgl. auch ders., Jenseits des Lustprinzips, S. 246.

neben dem Tod das Leben. Wir anerkennen zwei Grundtriebe und lassen jedem sein eigenes Ziel"[1]. Während die eine Triebgruppe vorwärts strebt, um das Leben möglichst schnell zu beenden, bemüht sich die andere um Wiederholung zum Zweck der Lebensverlängerung.

Der ungehemmte Sexualtrieb nimmt den Destruktionstrieb zum Zweck der regelmäßigen Abfuhr in seine Dienste; werden jedoch die Destruktionstriebe jedoch nicht nach außen gelenkt, setzen sie ihre innere Arbeit in Gestalt eines aggressiven Über-Ichs fort. Der "Normalfall" ist also die Triebmischung. Auch Partialtriebe, kulturschaffende wie zerstörende, kommunizieren miteinander und können ihre Befriedgung gegenseitig übernehmen.

Schließlich hebt Freud noch die Ichlibido von Sexual- und Todestrieb ab; auch sie läßt sich nach Belieben zerlegen, so daß nur die Urtriebe von Bedeutung sind: Hunger und Liebe. Der primäre Narzißmus ist eine ontogenetische Entwicklungsstufe zwischen Autoerotismus und Objektlibido[2]; die Libidobesetzung des Ichs ist also die ursprüngliche, wenn wir auch beim Kind noch kein entwickeltes Ich antreffen. Ich- und Objektlibido stehen in komplementärem Verhältnis zueinander, so verschwindet die Ichlibido nahezu ganz im Zustand der Verliebtheit. Der sekundäre Narzißmus ist charakterisiert durch den Rückzug der Objektbesetzungen auf das Ich, welches die Libido wiederum ausschicken und zurücknehmen kann.

3.2 Ich

Die psychische Instanz des Ich läßt sich nicht mit dem "Bewußten" oder besser: dem System W-Bw identifizieren; sie wird im Rahmen des Strukturmodells vielmehr verstanden als "der durch den direkten Einfluß der Außenwelt unter Vermittlung des W-Bw-Systems veränderte Teil des Es"[3], als die "Vorstellung einer zusammenhängenden Organisation der seelischen Vor-

---

1 Ders., Angst und Triebleben, S. 115.

2 Nach Laplanche & Pontalis (z. n. Jeron, Ich-Entwicklung, S. 50) bleibt die Unterscheidung zwischen Autoerotismus und primärem Narzißmus ungenügend.

3 Freud, Ich und Es, S. 293.

gänge in einer Person"[1].

Das Ich kann also nur ein Verhältnis zum Bewußtsein haben und befindet sich zunächst im Zustand des Vorbewußten und wird gleichzeitig von bestimmten Empfindungen im Unbewußten vertreten[2]. Die Bewußtseinszustände organisieren sich demnach in dem und sind einzig wahrnehmbar durch das "vom System W ausgehende(n) Wesen"[3], dem Ich einer Person. Es "beherrscht die Zugänge zur Abfuhr der Erregungen in die Außenwelt"[4], übt Kontrolle und Zensur aus, handhabt die Verdrängungen und äussert die Widerstände gegen die Beschäftigung mit ihnen. Über das Es kann das Ich mit dem Verdrängten, durch das es erst von einem Teil des Es geschieden ist, kommunizieren.

"Ursprünglich enthält das Ich alles, später scheidet es seine Außenwelt von sich ab"[5], dann erst ist das Ichgefühl Störungen unterworfen, und die Ichgrenzen variieren. Es ist ein "armes Ding"[6], das dem grausamen und amoralischen Es ausgeliefert ist[7], das sich der Gefahren der Außenwelt, der Libido und der Strenge des Über-Ichs "erwehren" muß. Die Gefahren, denen das Ich ausgesetzt ist, überwiegen gegenüber den Sicherheiten, analog dazu überwiegt das Leid gegenüber der Erfahrung von Glück; während Freud drei Quellen des Leids: den Verfall des Körpers, die Außenwelt und die Mitmenschen angibt, denen sich das gesellschaftliche Individuum nicht entziehen kann[8], nehmen sich die Möglichkeiten des Glückserlebens spärlich aus, die Konsequenz: "das Unbehagen in der Kultur"[9] ist naturbedingt. Im Plan der Schöpfung ist Glück nicht inbegriffen und für den Menschen erfahrbar nur als "episodisches Phänomen"[10]. Dem Nominalisten Freud erscheint Glück als die "eher plötzliche Befriedigung hoch aufgestauter Bedürf-

1 Ebd., S. 286.
2 Vgl. ebd., S. 290f.
3 Ebd., S. 292.
4 Ebd., S. 286.
5 Ders., Unbehagen in der Kultur, S. 68.
6 Ders., Ich und Es, S. 322.
7 Vgl. ders., Jenseits des Lustprinzips, S. 220ff.
8 Vgl. ders., Unbehagen in der Kultur, S. 75.
9 Titel des o. a. Aufsatzes aus dem Jahre 1930.
10 Ebd., S, 75.

nisse"[1]. Den Kontrast können wir zwar intensiv genießen, den Zustand aber nur sehr wenig.

Wie aber schützt sich das gesellschaftliche Individuum gegen die nicht auszurottende Dominanz und Herrschaft der Unlust? Es unternimmt den Versuch, mit Hilfe der Ichbildungsprozesse und -funktionen gegen Es-Impulse vorzugehen; jene Prozesse werden erst in Gefahrensituationen zu Operationen des Widerstands. Gefahr geht, nach Freud, zunächst von Triebregungen aus, auf die das Individuum mit Angst reagiert. Im Gegensatz zu einer früheren These Freuds, in der er der Angst einen Platz im Es einräumte, entsteht die Angst nun im Ich: "das Ich [ist, T.L.] die eigentliche Angststätte"[2]. Durch die Entwicklung der Angst erhält das Ich Unterstützung von seiten des Lustprinzips gegen die gefährlichen Triebregungen.

Dem Ich stehen mehrere "Methoden" des Widerstands gegen Affektäußerungen zur Verfügung, die Anna Freud auf der Ebene "eines Versuchs der Klassifikation"[3] als "Abwehrmechanismen" zusammenfaßt[4]. Widerstände sind also Anpassungen des Ich an die Erfordernisse der Gesellschaft. Eine kritische Theorie der Gesellschaft arbeitet nun aber mit der komplementären Prämisse, daß, im Hinblick auf die seelische Gesundheit der gesellschaftlichen Individuen, eine Anpassung der Gesellschaft an die Bedürfnisse ihrer Mitglieder stattfinden muß[5], so daß der psychoanalytische Komplex der Abwehrmechanismen zu einer zentralen Kategorie gesellschaftstheoretischer Betrachtung und Kritik wird.

Im einzelnen führt Anna Freud folgende Kategorien an: Verdrängung, Sublimierung, Regression, Introjektion oder Identifizierung, Projektion, Verkehrung ins Gegenteil, Wendung gegen die eigene Person, Verleugnung, Isolierung, Reaktionsbildung, Ungeschehenmachen und Ich-Einschränkung, die in

---

1 Ebd.
2 Ders., Hemmung, Symptom und Angst, S. 238.
3 Freud, A., Abwehrmechanismen, S. 243.
4 S. Freud selbst greift mit der "Abwehr" auf einen eigenen Begriff zurück, da "Verdrängung" nur eine spezielle Operation bezeichnen sollte.
5 Vgl. Fromm, Wege, S. 76.

der neueren psychoanalytischen Literatur ihre Modifikation und Differenzierung erfahren[1].

Gemeinsam ist ihnen die Abkehr vom "eigentlichen" Triebziel im Dienste der Selbsterhaltung; der Überlebenskampf des Individuums, der mit dem Prozeß der Zivilisation von der äußeren Natur abgezogen und zunehmend in das System menschlichen "Zusammenlebens" verlagert wurde, ist einer des *physischen* Subjekts und schließt, nach psychoanalytischer Theorie, Triebbefriedigung weitgehend aus. "Leben" wird zur Optimierungsfrage, zur Suche nach den "kostengünstigsten" Kompromissen zwischen Lust und Zwang, zwischen Freiheit und Notwendigkeit oder wie auch sonst jene Distinktionen jemals benannt worden sind.

Der psychische Zustand des Individuums gilt also als normal, solange das Ich Affektivität und Motalität beherrscht; das Lustprinzip, welches Freud als das Bestreben des seelischen Apparates, "die in ihm vorhandene Quantität von Erregung möglichst niedrig oder wenigstens konstant zu halten"[2], definiert, wird im Zuge der Ich-Entwicklung durch das Realitätsprinzip ersetzt. Das Realitätsprinzip zeichnet sich für einen Teil der Unlusterlebnisse verantwortlich (den größeren Anteil daran haben die beiden Grundtriebe), da es auf dem langen Umwege zur Lust den Aufschub der Triebbefriedigung duldet.

Warum aber ist sich das Individuum zum Zwecke der Unlustvermeidung nicht genug?
Wenn nun alle Prozesse, die zur Bildung eines Ich beigetragen haben (und wohl auch weiterhin beitragen werden) auch dazu dienen, Triebe "niederzuhalten", können wir doch davon ausgehen, daß das Ich dem Objekt Libido entzieht und zurücknimmt, so daß ein ausgeprägter Narzißmus entsteht? Die Libido kann aber nicht restlos das Ich besetzen und wird damit gezwungen, sich doch wieder auf ein Objekt zu richten, da ein "starker Egoismus (..) zwar vor Erkrankung" schützt, "aber endlich muß

[1] Vgl. Mentzos, Abwehrmechanismen, S. 64ff.
[2] Freud, Jenseits des Lustprinzips, S. 219, vgl. auch ebd., S. 264.

(..) es beginnen zu lieben, um nicht krank zu werden, und muß erkranken, wenn (..) es infolge von Versagung nicht lieben kann"[1].

Durch Objektbesetzung und Errichtung eines Ichideals entfernt sich das Individuum vom primären Narzißmus, welchen das entwickelte Ich wiederzugewinnen sucht. Wenn es nun aufgrund von Restriktionen die narzißtische Vollkommenheit der Kindheit nicht festhalten konnte[2], so versucht das Individuum stattdessen Befriedigung über ein Ichideal zu erreichen, an dem es sein aktuelles Ich mißt, während das Gewissen über die Sicherung der narzißtischen Befriedigung wacht; eine weitere Folge verhinderter narzißtischer Befriedigung kann ebenso die Idealisierung des Sexualobjekts sein. Angesichts einer "ganz große(n) Zahl der narzißtisch gestörten Menschen"[3], die z. B. im Kindesalter auf die Funktion des Sprachrohrs der elterlichen Wünsche reduziert werden, die wiederum aus narzißtischen Störungen resultieren, kommt die enorme Bedeutung der Idealisierung eines Nicht-Ich zum Tragen.

3.3 Über-Ich

Das Über-Ich ist "eine Differenzierung innerhalb des Ichs"[4] und wird zunächst als reiner, unbewußter Niederschlag der Elternfixierung gedeutet; anfänglich sind Identifizierung und Objektbesetzung nicht zu trennen. In einer bestimmten Phase der Entwicklung des Knaben verstärken sich die sexuellen Wünsche nach der Mutter; der Vater aber verhindert die Realisation seiner Wünsche, so daß in ihm der Ödipuskomplex, also der feindselige Impuls erwächst, der Vater möge sterben.

Aufgrund der konstitutionellen Bisexualität des Individuums erlangt das Kind bald eine ambivalente Beziehung zu Vater und Mutter. Freud nennt dieses Phänomen den vollständigen, d. h. positiven und negativen, Ödipuskomplex. Danach

---

1 Ders., Zur Einführung des Narzißmus, S. 52.
2 Es stellt sich hier die Frage, ob nicht auch der primäre Narzißmus des Kindes verkümmern bzw. in seiner Entwicklung behindert werden kann?
3 Miller, Drama, S. 19.
4 Freud, Ich und Es, S. 296.

werden die Objektbesetzungen aufgegeben und durch Identifizierungen ersetzt, da der Ödipuskomplex "zugrunde geht an seinem Mißerfolg"[1], er erliegt der Verdrängung. Die zweifache Identifizierung des vollständigen Konflikts schlägt sich nun als Ichideal oder Über-Ich nieder. Konstitutiv für das Über-Ich ist gleichzeitig eine Reaktionsbildung gegen die Identifizierung, die die Dominanz der Eltern wahrt: "'So (wie der Vater) s o l l s t du sein'"; die Beziehung des Über-Ich zum Ich "erfaßt auch das Verbot: 'So (wie der Vater) d a r f s t du n i c h t sein, das heißt nicht alles tun, was er tut; manches bleibt ihm vorbehalten'"[2].

Neben dem Ödipuskomplex begründet ein weiterer b i o l o g i s c h e r Faktor[3] die Existenz des Über-Ich: die lange Hilflosigkeit und Abhängigkeit des Kindes. Die Ausprägung des Über-Ich stellt sich nun als abhängige Variable von der zeitlichen Ausdehnung und der Intensität der Abhängigkeit dar. Späterhin machen sich mehr und mehr außenweltliche Einflüsse im Über-Ich geltend; es ist damit auch dem Bewußtsein zugänglich. Der "legitime Leibeserbe" der Elterninstanz "wird sozusagen unpersönlicher"[4] und ist für uns "die Vertretung aller moralischer Beschränkungen, der Anwalt des Strebens nach Vervollkommnung"[5].

Das Über-Ich, durch dessen Bildung das Tiefste - die menschlichen Triebregungen - zum Höchsten der Menschenseele wird, führt notwendig zum Urteil der eigenen Unzulänglichkeit; es verursacht demütiges religiöses Empfinden und Irrationalität, es "kann hypermoralisch und dann so grausam werden wie nur das Es"[6].

---

[1] Ders., Der Untergang des Ödipuskomplexes, S. 245.
[2] Ders., Ich und Es, S. 301f. Aus der zweifachen Identifizierung, dem vollständigen Ödipuskomplex, resultierend, wird hier plötzlich, ohne argumentative Rückführung, eine einfache - mit dem Vater!
[3] In der englischenÜbersetzung von "Das Ich und das Es" aus dem Jahre 1927 bestand Freud auf der Klassifizierung des Ödipuskomplexes als historisch bedingte Gegebenheit (vgl. ebd, S. 301 Anm. 1).
[4] Ders., Zerlegung, S. 68ff.
[5] Ebd., S. 73.
[6] Ders., Ich und Es, S. 320.

Moralische Beschränkungen und deren Durchsetzung implizieren Aggressionen, die das Ich introjiziert und in Gestalt des Gewissens, d. i. das "normale", bewußte Schuldgefühl, gegen sich wendet, da die Gesellschaft gleichzeitig die Einschränkung seiner eigenen Aggressionen fordert. Das bewußte Schuldgefühl ist aber nur ein Teil des Schuldbewußtseins, der andere Teil ist unbewußt, verdrängt und wird von Freud "Strafbedürfnis"[1] genannt; es findet im Kranksein seine Befriedigung und kann auf die Strafe des Leidens nicht verzichten. Die Entstehung des Strafbedürfnisses sei an dem "wissenschaftlichen Mythos" des Vatermordes in der Urhorde festzumachen.

3.4 Kulturtheorie und Normalität

Das charakteristische Moment einer Meta- oder Tiefenpsychologie ist die V o r s t e l l u n g eines räumlichen, in drei Instanzen gegliederten seelischen Apparates, der unter Anleitung des Realitätsprinzips dem kulturellen Zwang zur Sublimierung unterliegt[2].

Freud setzt das Es mit all seinen Verdrängungen als Naturnotwendiges. Letztlich aber verweisen auch die physiologischen Kategorien auf den Primat gesellschaftlicher Rahmenbedingungen; sie erst bilden die Folie ihrer Entfaltungsmöglichkeiten und -unmöglichkeiten. Das psychoanalytische Modell gesteht dem Ich allein die Freiheit zu, libidinöse Energie in sich zurückzunehmen, um den seelischen Haushalt in Einklang zu bringen mit den Anforderungen einer "strengen, vornehmen oder bloß heuchlerischen Welt"[3]. Moral entpuppt sich als Ich-fremdes, ihm oktroyiertes Medium der Triebunterdrückung.

Die gesellschaftlich verbotenen Triebrepräsentanzen erfordern einen permanenten Energiebetrag, "so daß sie notwendig zur Schwächung des Ichs und seiner Verarmung führen"[4] müssen. Die menschliche Psyche ist damit nicht "platter Abdruck von Ge-

---

1 Ders., Masochismus, S. 350.
2 Dabei ist der Kulturbegriff Freuds "materialiter ein Gesellschaftsbegriff" (Reimann, Psychoanalyse und Gesellschaftstheorie, S. 71).
3 Freud, Jenseits des Lustprinzips, S. 260.
4 Reimann, Psychoanalyse und Gesellschaftstheorie, S. 48.

sellschaft"[1], als tabula rasa zu fassen; wie sollte sie als reine Reproduktionsinstanz gesellschaftlicher Diversifikation standhalten, wenn nicht über selektive Wahrnehmung und Funktionalisierung des Gegebenen mit dem Ziel der Selbst- und Arterhaltung?

Der psychoanalytischen Praxis geht es nun, freilich unter theoretischer Anleitung, um die Stärkung ihres Koordinationszentrums, des Ich, dessen Konzeption auf die Sozialisations- und Lebensbedingungen des wohlhabenden Bürgertums zugeschnitten ist. Als Apologet anthropologisch fundierter geistiger, körperlicher und - als deren bürgerliche Manifestation - distributiver Ungleichheit fordert Freud eine anteilsmäßige Gerechtigkeit und formale Chancengleichheit; den Armen bleibt der Zwang zur harten - prinzipiell entfremdeten - Arbeit, um Neurosen zu entgehen oder sie bekämpfen zu können.

Die analytische Therapie ist den "Armen aus äußeren wie aus inneren Gründen fast unzugänglich"[2]. Ihnen fehlt der "lebensgeschichtliche und soziale Sinnzusammenhang"[3]; ihr Handeln ist primär auf Lustgewinn ausgerichtet, ergo: sie sind weniger wertvolle Menschen. Demgegenüber geht es dem "normalen" bürgerlichen Individuum darum, Leid von sich fernzuhalten; es hat höhere Aufgaben zu übernehmen. Während Ananke das Dasein der Armen bestimmt, ist der Bürger in der Lage, über die Grenzen seiner eigenen Person hinaus kulturschaffend tätig zu sein; er gewährt sich einen ungleich größeren privaten Bereich, den eine Identitätsfindung voraussetzt.

Der Elite bleibt es vorbehalten, Verantwortung für die Linderung der Armut zu tragen. Zur Wohltätigkeit gesellt sich das individualistische Dekret an die Besitzlosen, durch Mehrarbiet die eigene Misere zu überwinden. Ähnlich Durkheim und Max Weber[4] überträgt Freud der Elite die Funktion - eben in

---

1 Ebd., S. 50.
2 Schülein, Gesellschaftsbild, S. 212.
3 Ebd.
4 Vgl. Durkheim, Teilung, S. 371ff. und 447ff. Weber, Wirtschaft und Gesellschaft, S. 306 und ders., Die protestantische Ethik, S. 115ff.

Form einer Verantwortungs- oder Berufsethik -, die Divergenz zwischen materieller und moralischer Dichte, um mit Durkheim zu sprechen, zugunsten der Produktionsverhältnisse aufzulösen; d. h., Krise definiert sich als moralische Krise: Anomie muß aufhören, so daß die vorrangige Pflicht darin besteht, "uns eine neue Moral zu bilden"[1]. Aus gesellschaftstheoretischer Perspektive interessiert vornehmlich das "Besondere", die psychische Grundlage kultureller Reproduktion als Manifestation des Allgemeinen, der bürgerlichen Prinzipien und ihrer Realisation. Wie aber gelangt Freud zu einem Konzept der "Normalität", der ja, unter der Prämisse der Triebunterdrückung, jene Reproduktion zu "verdanken" ist?

Die Psychoanalyse baut, ihrem Selbstverständnis zufolge, auf klinischen Beobachtungen auf, so daß sie nur auf dem Umweg der Neurose, also nur anhand des Leidens der Individuen, Aufschluß über die nicht-pathologische Norm gewinnen kann. Erkenntnis via Negation pathologischer Erscheinungsformen fördert ein ausgewogenes Konglomerat und paritätisches Zusammenspiel sämtlicher Funktionen des seelischen Apparates zutage: Neurosen sind das Produkt der Überbetonung einzelner Funktionen. Liberalistische Theorie hält damit Einzug in die Individualpsychologie. Nehmen wir z. B. Freuds Differenzierung libidinöser Typen; er unterscheidet den erotischen- vom narzißtischen- und vom Zwangstypus. Vorzufinden sind sie allerdings nur als Mischtypen, die sich unmittelbar auf die Klassenstruktur anwenden lassen[2]. Relevant ist hier der erotisch-narzißtische-Zwangstypus, "die absolute Norm, die ideale Harmonie"[3]; er versteht es, sein Liebesleben mit der Selbsterhaltung, d. h. der "Fähigkeit zur kraftvollen Betätigung" und der "Beachtung der Gewissensforderung"[4] ohne Spannung zu verknüpfen. Hinzuzufügen sei hier noch seine Bearbeitung seiner Todestriebe: teilweise werden sie durch die Vermischung mit

---

1 Durkheim, Teilung, S. 450.

2 Der erotisch-narzißtische Tapus ist der häufigste und durch Aggression und Aktivität gekennzeichnet: er charakterisiert die psychische Konstitution der Armen. Der narzißtische Zwangstypus ist die kulturell wertvollste Variation, während das erotisch-zwanghafte dem Bürokraten anhaftet.

3 Freud, Über libidinöse Typen, S. 271.

4 Ebd.

der erotischen Komponente neutralisiert, aber auch durch nach außen gelenkte Aggressionen abgeführt. Zum größten Teil setzen sie auch im harmonisch durchgebildeten Individuum ihre innere Arbeit fort - es wäre wohl gleichzeitig extra- und intravertiert, hätten die Termini C. G. Jungs bei Freud Anwendung finden können.

Signifikant aber ist vor allem die harmonisierende, antiexzessive Tendenz des Seelenlebens, "vielleicht des Seelenlebens überhaupt, (...) das Streben nach Herabsetzung, Konstanterhaltung, Aufhebung der inneren Reizspannung"[1]. Auch die Anteile des Selbstgefühls ordnen sich über Gleichverteilung: der primäre Narzißmus, die aus Erfahrung bestätigte Allmacht und die Befriedigung der Objektlibido. Die eklektische Beschreibung des unauffällig lebenden, spannungslosen Individuums gipfelt in der funktionalistischen Annahme, "der Mensch müsse lieben, um nicht krank zu werden"[2]. Aber auch die Methode der Induktion klinischer Erfahrungen scheidet von vornherein emphatische Begriffe aus: die Negation des Leidens ist nicht Glück, sondern nicht-Leiden, oder: "das Glück ist der Zustand der Gesundheit"[3].

Doch bedarf es keiner explizit hermeneutischen Methode, keiner aktuellen gesellschaftskritischen Perspektive, in Freuds Psychoanalyse auch gesellschaftskritische Momente ausmachen zu können; wenn Freud von der "kulturellen Gegnerschaft zur Sexualität"[4], vom notwendigen Triebverzicht spricht, der "ökonomisch kompensiert" werden muß, um "ernste Störungen"[5] zu vermeiden, gewinnt er Abstand zum aufklärerischen Fortschrittsoptimismus. Er gesteht sich ein, ganze Kulturepochen, Individuen gleich, "neurotisch" nennen zu müssen; so nähert er sich a priori in seinem Brief an Einstein aus dem Jahre 1932 dem Grundgedanken der "Dialektik der Aufklärung" an: dem Prozeß der Kulturentwicklung "verdanken wir das beste, was

1 Ders., Jenseits des Lustprinzips, S. 264.
2 Ders., Zur Einführung des Narzißmus, S. 52.
3 Durkheim, Teilung, S. 11.
4 Freud, Unbehagen, in der Kultur, S. 100.
5 Ebd., S. 92.

wir geworden sind, und ein gut Teil von dem, woran wir leiden (...).Vielleicht führt er zum Erlöschen der Menschenart, denn er beeinträchtigt die Sexualfunktion in mehr als einer Weise"[1]. Erst solche Paradoxie führt zum Bewußtsein und damit zur Forderung der Freiheit, die zwar "am größten vor jeder Kultur" war, "allerdings damals ohne Wert"[2].

Doch Freuds naturwissenschaftliche Befangenheit, seine notwendig retrospektive Suche nach biologischen Grundgesetzlichkeiten, läßt die Möglichkeit einer produktiven Vernunft über ihrem Determinismus vergessen. Dieser Determinismus wirft z. B. die Frage auf, "warum (..) wir uns so sehr gegen den Krieg" empören, "warum (..) wir ihn nicht wie eine andere der vielen peinlichen Notlagen des Lebens"[3] hinnehmen?; "er erscheint doch naturgemäß, biologisch wohl begründet, praktisch kaum vermeidbar"[4].

Freud mag seinen Zeitgenossen ähnlich "unbequem" gewesen sein wie Adorno seinen Adressaten, doch kommen wir nicht umhin, seine Lehre der gesellschaftlichen Realität "anzupassen", sie zu deuten oder ggf. gar zu verwerfen. Festzuhalten bleibt noch, daß die Frage der Immanenz oder Transzendenz einer Theorie wohl in keinem Falle für eine Seite zu entscheiden ist; geschichtliche Eingebundenheit und subjektive Rezeption markieren ihre Bahn.

---

1 Einstein, Freud, Warum Krieg?, S. 45.
2 Freud, Unbehagen in der Kultur, S. 92.
3 Einstein, Freud, Warum Krieg?, S. 43f.
4 Ebd., S. 44.

4 ZWEITE NATUR

4.1 Begriff oder Theorie?

Einer kritischen, der Philosophie entstammenden Gesellschaftstheorie geht es vorrangig um Manifestationen zweiter Natur, aus deren dialektischer Betrachtung sich die - negative - Analyse erster- und eine spekulative Prospektion versöhnter Natur ableiten lassen. Sie bestimmt Gesellschaft aus "lebendiger" Erfahrung als jenes Substrat, "das der traditionellen Philosophie ewige Wesenheiten hieß oder Geist" (GS 8, 196), indem sie einen "aus dem Gedächtnis des ehemals Gedachten" gewonnenen "Begriff von der Sache" ans Material heranträgt und "in der Fühlung mit diesem ihn wiederum" (GS 8, 197) abwandelt. Die dialektische Durchdringung von Theorie und Empirie ist Bedingung einer "Konstruktion der Totale" (GS 8, 197), die über den ideologiekritisch gewendeten Hegelschen Begriff der "zweiten Natur" mit der Naturgeschichte kommuniziert.

Was aber heißt nun kritischer Gesellschaftstheorie "zweite Natur"?

Nach Rath kehren bei Adorno sämtliche Verwendungsweisen des Begriffes wieder[1]; er bzeichnet nicht nur Lukacs' "Welt der Konvention", sondern darüber hinaus:
das Idiom (EMS, 47), die Muttersprache (GS 11, 84; ST, 110f.), die Tonalität (D, 134), das Material (GS 16, 387f.), die Identität der musikalischen Begriffe (GS 13, 252), reflexhafte Reaktionsformen (GS 15, 192), Verhaltensnormen (GS 8, 190; E, 78), subjektive Setzungen (ND, 86), Identifikation mit den Machtblöcken (DA, 183), die "Pedanterie der Vollständigkeit, der Lückenlosigkeit" (PT 2, 212), Geist (ND, 350), Logik (ME, 75), das Normale (PM, 85), Kunst (ÄT, 100, 206; GS 13, 499), Kulturphänomene (GS 11, 28), gesellschaftliche Formen (GS 11, 227), die Produktivkräfte (GS 8, 365), "das vom Menschen gemachte, die Institutionen im weitesten Sinne" (ST, 43; vgl. a. ÄT, 101), die Kulturindustrie (GS 8, 327), die städtische Landschaft (VÄ, 70), Naturbeherrschung (MM, 303), die ver-

[1] Vgl. Rath, Adornos Kritische Theorie, S. 72.

steinerte Gesellschaft (ÄT, 103, 144, 398; ND, 75f., 291; GS 11, 143; SE, 111; VS, 30; GS 16, 23f.) und ihr Zustand (GS 8, 202; VE, 169), den Schein (GS 1, 364), die falsche Unmittelbarkeit (GS 11, 252) und schließlich Geschichte selbst (P, 76).

Hier finden wir die verschiedensten Organisationsstufen von System und Lebenswelt, der Mikro- und Makrostruktur in Form begrifflicher Manifestationen, deren Inhalt und Umfang noch zu explizieren wären.

"Zweite Natur" als dialektischer Begriff steht auch ein für die Möglichkeit von Freiheit und bereitet sie z. B. in authentischen Kunstwerken vor durch thematische, räumliche und technische Übersetzung und Verdichtung der realen, "permanenten Katastrophe" (GS 11, 286); ihr Ziel, mit Hilfe der Montage von Reflexion und reiner Darstellung (vgl. GS 11, 282) dem Rezipienten Sicherheiten und Tröstungen zu nehmen, versuchen sie über dessen reflexive Isolation zu erreichen. Die ideologiekritische Wendung zweiter Natur, die "Negative Dialektik" ihr beibringt, evoziert eine Reihe weiterer synonymer und assoziativer, also deduktiv gewonnener Begriffe:
zweite Unmittelbarkeit (P, 126; GS 8, 369; GS 11, 28, 54; ND, 88, 186), -Reflexion (GS 8, 293; ST, 162; OL, 40, 85; ND, 54, 201; ÄT, 36, 47, 105, 137, 147, 209, 435, 451, 456, 465, 510, 510, 518, 532; PT 2, 192), -Sprache (GS 11, 47, 306; JE, 69), -Konvention (GS 11, 306), -Verdinglichung (GS 11, 414; ÄT, 158); -Mythologie (MM, 322), -Bildlichkeit (MM, 184), -Realität (ÄT, 425), -Konformität (PM, 147), -Kultur (GS 8, 119), zweites Leben (GS 11, 465), -Dasein (ÄT, 167), zweiter Naturalismus (ÄT, 158), sekundäre Mimesis (ÄT, 287), -Gemeinschaften (GS 8, 148), -Triebbedürfnisse (GS 8, 149), Daseiendes zweiter Ordnung (ÄT, 259), Dinge zweiter Stufe (ÄT, 152).

Dieses ausbaufähige Begriffsinstrumentarium inauguriert den Begriff der "zweiten Natur" als Subtheorie antisystematischer "Negativer Dialektik", indem er die Konstitutionsbedingungen eines abstrahierenden Klassifikationssystems und dialektischen Erklärungsprinzips erfüllt; sie erschöpft sich dabei nicht in Methode, sondern trägt zur "Lehre von den Beziehungen der Menschen", wie auch "von der Unmenschlichkeit ihrer Beziehungen" (P, 39) bei; Methode und ihr Objekt sind nicht zu trennen, und da Gesellschaft sich nicht als Begriff fassen läßt, wird Theorie zu deren Organ (vgl. GS 8, 11).

In Raths Metapher der "Russischen Puppe" ist zweite Natur als die äußere Puppe vorzustellen; sie steht für den "geschlossenen Schein der Phänomene"[1]. Darunter steckt die Puppe des Tauschzusammenhangs, darunter dann die menschliche Arbeit als Stoffwechsel mit der innersten Puppe, der ersten Natur. Es fehlt dieser Metapher freilich die historische Dimension und der dialektische Rückbezug. Wissenschaftlicher Erkenntnis bleibt zunächst nur der Weg, den die topologische Vorstellung der "Russischen Puppe" vorschreibt: sie muß an zweiter Natur ansetzen - ansetzen also z. B. an ihrer Identifikation mit Kunst bei Goethe oder an Nietzsches Kritik der zweiten Natur als neuer Gewöhnung als neuen Instinkts zugunsten der ersten[2].

Was Römern und Griechen bereits "Gewohnheit" hieß, findet, nach Adorno[3], bei Hegel seine Gleichsetzung mit - zweiter - Unmittelbarkeit und vergißt in der modernen Industriegesellschaft seine Herkunft aus erster Natur. Während Hegel die "Vergegenständlichung sich selbst entfremdeter Verhältnisse" (P, 289) als vergeistigte, qualitativ höhere Stufe menschlichen Lebens schätzt, verliert sie bei Adorno ihren kulturellen Wert; übrig bleibt ihr repressiver Charakter und mit Nietzsche die Feststellung und Hoffnung ihrer Vergänglichkeit, wenn sich auch der Spontaneitätsverlust der Hoffnung widersetzt - jener, der "durch die Generationen hindurch als zweite Natur in die Menschen sich eingesenkt hat" (GS 15, 192).

---

1 Ebd., S. 78.
2 Vgl. Historisches Wörterbuch der Philosophie, Stichwort: zweite Naur.
3 Während Adorno Hegel für die Aufhebung der Differenz erster und zweiter Natur verantwortlich macht, weist Funke in seinem Artikel die Urheberschaft Pascals nach (vgl. ebd.).

Sie tritt mit der unerbittlichen Gesetzmäßigkeit der einst irrationalen Naturmächte den Menschen gegenüber, gegen die sie sich mit unabdingbarer Härte erschaffen mußte. Ihr Reich ist der kulturelle Bereich: sie ist gesellschaftlich - geschichtlich produziertes Residuum von Verdrängung, wird aber aus ideologischen Motiven selbst als naturhaft ausgegeben. In ihrer begrifflichen Einbindung in "Negative Dialektik" opponiert sie gegen ihren systematischen Mißbrauch als Gleichnis der Gefangenschaft.

Natur ist in ihren beiden Erscheinungsformen entfremdet; als erste verkommt sie zum Gegenstand der Naturwissenschaften, als zweite wird sie zum "sedimentierten Geschichtlichen". "Die Gründungen zweiter Natur in erster" sind in der versteinerten Gesellschaft nicht mehr "abrupt, wieder versinkend, in der Latenz erlöschend oder allmählich heranreifend"[1], wie Schweppenhäuser über ihren allgemeinen Charakter zu sagen weiß, sondern erstarrt durch den Verlust zweiter Natur als erster.

Adornos elitärer "Entwurf" der "Erziehung zur Mündigkeit", der auf die Resurrektion erster und einziger Natur abzielt, setzt auf die Kraft des Intellekts; doch "in einer Art sekundärer Mimesis" (ÄT, 287) wachsen Begabungen heran, die auf den Stand der Technik ansprechen, gezwungen durch die Selbsterhaltung. Ihr übermächtiger Zwang schuf den "Zivilisierten als Harten, als Herren, als Besitzer"[2]; er ist nur rohe sublimierte Naturgewalt. In der legislatorisch-autoritativen Staatsinstitution sichert sich zweite Natur gegen den Rückfall in erste ab. Das "aggressive Verwaltungsobjekt"[3] Mensch hat innerer wie äußerer Natur ihre Sprache genommen; mit Kierkegaard sieht Adorno das Opfer von Bewußtsein als Ausgangspunkt jeden Opfers, hält ihm aber - implizit auch Freud und Hegel - entgegen:

> "Wo aber Natur, entsagungslos, als begehrende Triebmacht und als redendes Bewußtsein aushält, vermag sie zu beste-

---

[1] Schweppenhäuser, Zur Dialektik des Engagements, S. 388.
[2] Ebd., S. 391.
[3] Marcuse, Der eindimensionale Mensch, S. 37.

> hen, während sie opfernd sich selber erliegt - Natur, die wahrhaft nicht mit der Forke ausgetrieben werden kann und wiederkehrt so lange, bis der Genius mit ihr sich versöhnt" (KI, 173f.).

Fressen und Gefressenwerden, - evolutionstheoretisches - Prinzip bewußtloser Naturgeschichte, setzt sich fort in der des Menschen; indessen melden sich verdrängte und vergessene Triebansprüche in Form regredierten und regredierenden Wiederholungszwangs bestimmter Ersatzhandlungen - wie aller Ersatz nicht über seine Insuffizienz hinausgelangt - zu Wort. Formen solchen Widerstands der Natur sind, nach Horkheimer, gesellschaftliche Rebellion, individuelles Verbrechen, Geistesstörung, wohl auch überzogene Konformität[1] und nicht zuletzt die psychosomatische Erkrankung.

Ungeachtet dieser Zusammenhänge wird zweite Natur in der modernen Industriegesellschaft zur sekundären, der Verdinglichung entsprungenen O b j e k t i v i t ä t; am Anfang aller Geschichte hingegen wurde sie errichtet als gewaltsame Ausgrenzung aus dem Naturzusammenhang zum Zwecke der Selbstreproduktion. Damit fallen bei Adorno sowohl die Reproduktion dieser über erste Natur ausgeübten Herrschaft in der zweiten Natur wie deren Identifikation und Totalisierung unter einen Begriff. Adorno übergeht diese Differenzierung nicht, wie Dubiel glaubt sagen zu können[2], sonst wäre seine Rede von einer "ungeheuerlich zusammengeballten zweiten Natur" (VS, 30) sinnlos.

Moscovicis Begriff der "second reality" unterstreicht noch einmal beispielhaft die reale Trennung beider Erscheinungsformen: "social organization has nothing to do with the organic or inorganic world"[3].

4.2 Narzißmus ohne Ego

Adornos Konklusionen aus der Begriffsgeschichte zweiter Natur bestehen darin, daß er die nachweisbaren Anfänge der Konventionalisierung menschlicher Interaktionen auf die Antike zu-

---

1 Vgl. Horkheimer, Kritik der instrumentellen Vernunft, S. 110f.
2 Dubiel, Wissenschaftsorganisation und politische Erfahrung, S. 109f.
3 Moscovici, Society against nature, S. 77.

rückdatiert und die Pascalsche Indifferenz erster und zweiter Natur[1] auf die Gegenwart moderner Industriegesellschaft verweist; erst sie ist als reduzierte Komplexität eines "Zoologischen Gartens" zweiter Natur dem ökologischen Ordnungsprinzip erster Natur nachempfunden. Das Bewußtsein über die Interdependenzen mit erster Natur und ihre Herkunft aus dieser fällt der technologischen Rationalität zum Opfer; sie deutet hingegen die Kontaminationen des Immergleichen selbst naturalistisch.

Aus der Nichtbeachtung ökologischer Zusammenhänge erwachsen die Insuffizienzen des Systems - aus dem "falschen" Leben partikularistischer Rechte und Pflichten. Zweite Natur, die ihre Ordinale vergißt, rettet allein die Selbsterhaltung und verstärkt sie gegen die als Marginalien geduldeten Sexualtriebe; die Partialtriebe werden ihrer statt "gepflegt" und kultiviert - im Dienste des "Kampfes ums Dasein", den die Industriegesellschaft in sich hineingenommen hat.

Zweite Natur umfaßt nicht nur verdinglichte ökonomische, administrative und soziale Prozesse und Interaktionen, sondern ebenso deren psychosomatische Subjekte[2] mit ihren spezifischen - historisch sich verändernden - Bedürfnissen; Bedürfnisse, selbst Produkte verdrängter Triebmomente, sind das Organ innerer Natur, durch das sie unserer Wahrnehmung erst zugänglich werden. Adorno differenziert sie in "falsche" und "richtige" Bedürfnisse, analog seiner Prioritierung erster, unverstellter Natur gegenüber zweiter. Allerdings lassen sich das gesellschaftliche und das natürliche Moment des Bedürfnisses nicht "als sekundär und primär voneinander spalten" (GS 8, 392). Ebenso unzulässig ist die Trennung von Oberflächen- und Tiefenbedürfnissen; so wie die einen direkt aus dem Arbeitsprozeß resultieren, sind die anderen zu einem "weiten Maße Produkte des Versagungsprozesses und erfüllen eine ablenkende Funktion" (GS 8, 393). Sie sind mittelbar und unmittelbar zugleich und erliegen den Launen der Kulturindustrie.

---

[1] Vgl. S. 68 Anm. 3 der vorliegenden Arbeit.
[2] Siehe den Exkurs: Über eine "Epidemiologie der Gesundheit".

Um dem Zwang offensichtlich falscher Bedürfnisse widerstehen zu können, bedarf das Individuum einer Ich-Stärke, die in der gegenwärtigen Gesellschaft "sich als Abweichung verdächtig macht" (GS 8, 444). Kriterien für Persönlichkeit sind heute Gewalt und Macht, Faktoren, die der ratio nicht bedürfen. Während für Kant Sinnen- und intelligible Welt in der Persönlichkeit zur Harmonie sich finden und sie sich als Repräsentant der gesamten Menschheit "durch Hingabe an das, was" sie "nicht ist" (ST, 55), auszeichnet, verkommt sie heute zur Maske: Humboldt, Hegel und Goethe trauern mit ihm. "Unvermerkt wird aus der Unmöglichkeit", sie "zu verwirklichen (...) eine Norm" (ST, 54); "werde das, was du bist" (E, 78). Das "So- und nicht Anderssein" wird zum pädagogisch-demokratischen Programm.

Der Art. 1, Abs. 1 des GG, der jedem "Bürger" das "Recht auf freie Entfaltung seiner Persönlichkeit" zugesteht, gerät zur Persiflage bloßer "Reflexbündel" (ST, 56). Anpassung tritt an die Stelle des Bewußtseins, das nötig wäre, um das "Dasein zweiter Ordnung" in seiner Naturwüchsigkeit erkennen zu können. Der Strukturzusammenhang der Gesellschaft zwingt die Menschen zur puren Selbsterhaltung und verweigert ihnen die Erhaltung ihres Selbst; angesichts der globalen Katastrophenpolitik wird aber auch Selbsterhaltung in Frage gestellt.

Sie zwingt die Individuen, dem Prozeß der Arbeitsteilung analog, zum Rollendasein; die Totalität "zweiter Unmittelbarkeit" gibt auch dem Reiz-Reaktionsschema der Behavioristen Recht: die Menschen sind zur Ideologie, Verdrängung zu zweiter Natur geworden. Die "atomistische Existenz" (GS 8, 24) der Individuen legt heute "jeglichen spontanen und direkten Beziehungen zwischen" (GS 8, 33) ihnen fast unüberwindbare Schwierigkeiten in den Weg. Sie sind damit gezwungen, ihre "ungenutzte Triebenergie auf sich selbst zu lenken" (GS 8, 33).

Die Interaktionen gehen aus sozialen und ökonomischen Gesetzen hervor, die sich über die Köpfe der Menschen durchsetzen; Liebe gerät zum "psychotechnischen Instrument unter anderen" (GS 8, 38). Der ursprüngliche Trieb, "der die eigene Erfüllung will", erscheint als krank; doch die "Praxis der radikalen Kollektivierung" (GS 8, 90) erzwingt dessen Beschwichtigung und Kultivierung. Während menschliche Existenz ehemals natürliches Dasein wie die Möglichkeit der Selbsterhaltung im Wirtschaftsprozeß bedeutete, erfaßt der "Jargon der Eigentlichkeit" nur noch den homo oeconomicus[1]. Der Jargon ist das "deutsche Symptom fortschreitender Halbbildung" (JE, 19); er kommt in seiner Verarmung und Liquidierung von Inhalten zugunsten der Form nicht umhin, das Vorhandene noch einmal zu bestätigen. Eigentlichkeit nennt

> "kein Eigentliches als spezifische Eigenschaft, sondern bleibt formal, relativ auf einen in dem Wort ausgesparten, womöglich zurückgewiesenen Inhalt selbst dort noch, wo das Wort adjektivisch verwendet wird. Es besagt nicht, was eine Sache sei, sondern ob, in welchem Maß sie das in ihrem Begriff schon Vorausgesetzte sei, im impliziten Gegensatz zu dem, was sie bloß scheint. Bedeutung empfinge das Wort allenfalls von der Eigenschaft, von der es produziert wird. Das Suffix '-keit' reizt zum Glauben, es trüge bereits jenen Inhalt in sich" (JE, 104f.).

Jargon beruht also auf ubiquitärer Halbbildung, Bildung auf Kosten des Wahrheitsgehaltes. Noch in der liberalistischen Epoche hatte Bildung mehr Bezug zur Wahrheit; auch die Ungebildeten zeigten mehr Skepsis, Witz und Ironie als die Halbgebildeten heute. Wahrheit wird ersetzt durch Meinung, die an ihrer Zufälligkeit Mangel an Subjketivität beweist. Adorno gesteht den "Halbgebildeten" eine eigene, zweite, Kultur zu, die sich schließlich nur im höheren Status ihrer Mitglieder von der "Freizeitkultur" unterscheidet. Für beide ist charakteristisch, daß die Erkenntnisleistung der Individuen sich an deren Selbsterhaltung orientiert.

Was früher der Muße angehörte, leitet sich heute aus dem Prozeß der Arbeit ab; Kultur ist die Verlängerung der Ökonomie: ein jegliches Produkt der Kulturindustrie ist ein "Modell der ökonomischen Riesenmaschine" (DA, 114), so daß Adorno nicht der Notwendigkeit nachgeben muß, Habermas' Unterscheidung von System und Lebenswelt zu antezipieren. Der Begriff der Kulturindustrie ist, nach Adorno, nicht wörtlich zu nehmen; "er

[1] So ein beliebter Appell in den Stellenanzeigen der Tageszeitungen: "Bauen Sie sich eine Existenz auf!" - Leben hat noch nicht stattgefunden.

bezieht sich auf die Standardisierung der Sache selbst (...) und auf die Rationalisierung der Verbreitungstechniken, nicht aber streng auf den Produktionsvorgang" (OL, 62f.).

Neu an ihr ist die bedingungslose Zweckrationalität, die die "Klassifikation, Organisation und Erfassung der Konsumenten" (DA, 110) voraussetzt. Der "Zirkel der Manipulation und rückwirkendem Bedürfnis" (DA, 109) läßt Vorstellungskraft und Spontaneität der Individuen verkümmern, Eigenschaften, durch die sie sich erst unterscheiden ließen. Stattdessen schlägt Kultur heute "alles mit Ähnlichkeit" (DA, 108). Spontaneität regrediert zur Pseudo-Aktivität pseudoindividualisierter Subjekte. "Fixigkeit" (DA, 124), der Reflexion nur hinderlich ist, wird erforderlich mit der Vorherrschaft des Effekts. Lust verkommt zur Vor- und Ersatzlust und schließlich zum Amusement - "Verlängerung der Arbeit unterm Spätkapitalismus" (DA, 123); Vergnügtsein bezeugt Einverständnis, Lachen wird zum Verlachen und fortschreitende Verdummung erscheint als die logische Konsequenz der Reduktion der Individuen auf "bloße Verkehrsknotenpunkte der Tendenzen des Allgemeinen" (DA, 139); Autonomie und Kritik werden kassiert. Doch sind dies freilich - ideologische - Abbreviaturen: ein großer Teil der Freizeit fällt der Langeweile zum Opfer, die schon Schopenhauer mit der Heteronomie der "Verkehrsknotenpunkte" begründet (vgl. St, 61); sie objektive Verzweiflung.

Indem Freizeit an ihren Gegensatz gekettet ist, fällt ihr zum einen die Funktion der Regeneration und Kompensation, zum andern die "suspensive Funktion"[1] zu; das Berufsleben wird in der Freizeit "selbstbestimmt" fortgeführt, um deren Unterschiede zu nivellieren. Im Zuge der Arbeitszeitverkürzung wird Freizeit vom Menschenrecht zum Almosen heruntergehandelt; den Menschen bleibt neben der Langeweile nur die Flucht in Hobbies, die Adorno noch als Beschäftigungen bezeichnet, "in die ich mich sinnlos vernarrt habe, um Zeit totzuschlagen" (ST, 58). Art und Anzahl der Hobbies bedingen mit den Status quo, der sich zum Indiz des Zwangs ausruft.

[1] Habermas, Arbeit und Freizeit, S. 63.

Einer Theorie der zweiten Natur geht es nun einmal um das Übergewicht von Industrie und Verwaltung gegenüber den Menschen, die sie erst ins Leben riefen, in einer Welt, in der die Verselbständigung der Exekutive zur exponiertesten Fragwürdigkeit wird (vgl. GS 8, 145). Zum andern handelt sie von den zweibeinigen Über-Ichs und ihren sekundären Triebbedürfnissen, deren seelische Reaktionsformen sich ebenso schnell verändern wie die wirtschaftlichen Strukturen (vgl. GS 8, 31). Adorno folgert daraus, daß die Libido in der jüngsten Triebökonomie "weniger lebendigen Menschen, denn fabrizierten Schemen von Lebendigem und den Konsumgütern selbst, den Waren gelten" (GS 8, 191).

Geblieben ist die von den als pervers geächteten Partialtrieben gereinigte Genitalität. Die Sexualtabus, beseitigt und doch nicht und zudem stärker als selbst die politischen, richten sich gegen beide; kultiviert wird der sozialisierte Voyeurismus als Vorlust. Auch der Sexus selbst unterliegt der Sozialisierungstendenz, indem die Betrachtung von Vielen der Vereinigung mit Einer vorgezogen wird (vgl. E, 105). Perversität wird auf die Prostituierten projiziert: "Huren sind mittlerweile so abscheulich geworden, wie der Neid der Gesellschaft sie sich wünscht und sie behandelt" (E, 108). Je mehr aus phylogenetischer Perspektive Natur eingegrenzt und beherrscht wird, um so mehr beansprucht das Denken, seinerseits Natur zu sein; solche "zweite Mythologie ist unwahrer als erste" (MM, 322). Diese brachte den jeweiligen Stand des - sich erweiternden - Bewußtseins der Freiheit von Naturzusammenhängen zum Ausdruck. Ontogenese verdrängt Natur dann noch einmal. So vehement Gesellschaft und Individuum Natur unterdrücken, so kehrt sie "entstellt nur und zerstörend wieder" (E, 46). Sie dennoch am Boden halten zu wollen, gleicht einer Sisyphusarbeit, da sie niemals vollständig gelingt. Die Theorie zweiter Natur ist also eine des Wiederholungszwanges, die die "Wiederkehr des Immergleichen" als Ideologie und Faktum entlarvt: "gesund ist, was sich wiederholt, der Kreislauf in Natur und Industrie" (DA, 133). Das innovative Moment, welches das Ich repräsentiert, wird suspendiert; "Es und Überich gehen die Verbindung ein, die schon die Theorie visierte" (GS 8, 59). Sie hat es mit dem Paradoxon zu tun, daß die Abwehrmechanismen des Ich, die es gleichzeitig auch konstituieren, nur noch in ihrer - chronologisch - ersten Funktion erfolgreich sind und die Menschen zu "Jasagern" regredieren.

In einer Gesellschaft, in der die soziale Umwelt dem Kind die Autorität des Vaters ersetzt, kann es keinen Ödipuskomplex mehr geben, an dem es lernt zu wachsen. Andererseits schrumpft die Möglichkeit, aus dieser Gesellschaft ohne unerträgliche Triebkonflikte auszubrechen (vgl. GS 8, 14); so arrangiert man sich mit dem Gegebenen: das residuale Ich besetzt Technik und Konsumgüter, Sport und Hobbies mit dem, was die vergangenen Jahrzehnte der Triebfeindlichkeit dem Es noch belassen haben.

Der Darstellung entstellter Natur entspringt nun das Bild unentstellter Natur als ihr Gegensatz (vgl. MM, 119).

> "Der Verdacht, daß die Realität, die man serviert, nicht die sei, für die sie sich ausgibt, wird wachsen. Nur führt das zunächst nicht zum Widerstand, sondern man liebt mit verbissenen Zähnen das Unausweichliche und zuinnerst Verhaßte um so fanatischer" (E, 72).

Exkurs: Über eine "Epidemiologie der Gesundheit"

Aus den - eben skizzierten - gesellschafts*theoretischen* Überlegungen zur Verdinglichung menschlicher Beziehungen zueinander, lassen sich, wie der Autor im folgenden zeigen möchte, zwei Theoreme extrapolieren, um sie dann soziologischer Konkretion der *faktischen* Differenz erster und zweiter Natur zugänglich machen zu können:

1) Das Naturhafte kehrt entstellt und zerstörend wieder. Nach Adorno heißt "Zerstörung" zunächst physische Verstümmelung, Erkrankung und Deformation (vgl. GS 8, 388), sowie deren psychische Pendants: individuelles Leiden an der Gesellschaft.
2) Zu beklagen ist das Fehlen des Widerstands der Individuen gegen gesellschaftliches Unheil; hierzu stellen sich einige Fragen: a) in welcher Relation stehen Leiden und Widerstand zueinander?, b) inwieweit hat physischer Widerstand

im Zeichen allgemeiner Psychologisierung unseres Daseins noch Relevanz?, c) hieraus ergibt sich die Frage des aktiven oder passiven Widerstands, d) muß Widerstand auf Veränderung aus sein? und daraus folgend e) muß Widerstand auf konkrete Veränderung aus sein?

Leiden erwächst zum methodologischen Indiz der zum "Medium der Wahrheit" verklärten "Übertreibung" (E, 140) "Negativer Dialektik", die die Identitätshypothese zum Funktionsprinzip der "klassenlosen Gesellschaft der Autofahrer, Kinobesucher und Volksgenossen" (GS 8, 377) erklärt. Ubiquitäre Identität als Faktizität und formale Gleichheit vor dem Gesetz evozieren die Frage, wie gesellschaftliche Widersprüche wahrgenommen werden können.

Was Adorno über die Ontologen zu sagen weiß, daß nämlich Sinn problematisch sein müsse, um die Sinnfrage stellen zu können und Lohmann über die Wahrnehmung psychischer Gesundheit in ihrer Absenz zum Ausdruck bringt, fußt auf Kants Erkenntnis der "Apperzeption"; Kant stellt der transzendentalen Einheit der Apperzeption, also des im Begriff des Objekts vereinigten "Mannigfaltigen der Anschauung", die "subjektive Einheit des Bewußtseins"[1] gegenüber; dazwischen steht das zur Wahrnehmung freigegebene empirische Objekt: "ob ich mir des Mannigfaltigen als zugleich oder nach einander, empirisch bewußt sein könne, kommt auf Umstände, oder empirische Bedingungen, an"[2]. Die urteilende Auffassung ist also nur möglich über einen gegebenen Begriff, der auf empirische Anschauung angewendet werden kann und nur dann empirische Erkenntnis heißt. Er gelangt zur Anwendung durch die sinnliche Anschauung von Raum und Zeit, eine unseres inneren Zustandes; die Begriffe "Veränderung" und "Bewegung" sind nur in deren Vorstellung möglich: Leiden wird somit nur über Sinnlichkeit als Veränderung eines Zustands erfahren, dessen Bewußtsein heute naturalistische Leugnung oktroyiert.

---

1 Kant, Kritik der reinen Vernunft, Bd. 1, S. 141.
2 Ebd.

Das Kantische Modell ist eines der Gesetze von Erkenntnis und kann in solchem Formalismus der "Kritik der reinen Vernunft" Inhalte von Empirischem, so auch spezifische Empfindungen, nicht erfassen.

Die zentrale gesellschaftstheoretische Position des Adornoschen Leidensbegriffes steht nun im kraßen Mißverhältnis zu dessen inhaltlicher Differenzierung. Aus diesem Grunde möchte der Autor an dieser Stelle einen Abriß der Untersuchungen Lohmanns über die Bestimmung des Gegenstandes einer "Epidemiologie der Gesundheit"[1] liefern:

In seiner Monographie "Krankheit oder Entfremdung?" geht es Lohmann darum, die epidemiologische Unzulänglichkeit der Begriffe "psychische Krankheit", "Normalität" und "emotionales Wohlbefinden" aufzuzeigen. Für die psychische Gesundheit gibt es "keine zufriedenstellende Möglichkeit", sie definitorisch "einzugrenzen oder zu messen"[2]; als Begriff dient sie, ebenso wie "normative" Normalität - im Gegensatz zur "statischen" Normalität - als "moralische Zwangsjacke"[3]: sie sind Schlüsselbegriffe gängiger Moral. Normalität sucht Entitäten, die es selbst für biologische Daten nicht gibt. Auch der Weg, sich dem, was Gesundheit ausmacht, über den Begriff des "emotionalen Wohlbefindens" zu nähern, führt in die Irre, da die stetige Erneuerung der Unzufriedenheit in der Industriegesellschaft zur Produktivkraft wurde.

Die Abwesenheit von Krankheit als Kriterium für Gesundheit setzt zunächst einmal eine Defintion von Krankheit voraus; sie ist im Blick auf das gesellschaftliche Individuum nicht von der "Gesundheit" zu trennen[4]. Es bleibt ein "immer grös-

---

1 Lohmann, Krankheit oder Entfremdung?, S. 99ff.
2 Ebd., S. 34.
3 Ebd., S. 23.
4 Thomas Mann z. B. sieht in dem "Krankhaften" durchaus eine Produktivkraft: "'die Wahrheit ist, daß ohne das Krankhafte das Leben seiner Lebtage nicht ausgekommen ist, und es gibt schwerlich einen dümmeren Satz als den, daß 'aus Krankem nur Krankes kommen kann'.
Das Leben ist nicht zimperlich, und man mag wohl sagen, daß schöpferische, Genie spendende Krankheit, Krankheit, die hoch zu Roß die Hindernisse nimmt, in kühnem Rausch von Fels zu Felsen sprengt, ihm tausendmal lieber ist als die zu Fuße latschende Gesundheit'" (Mann, Dosto-

seres Niemandsland"[1] zwischen eindeutig Gesunden und eindeu-Kranken. Anwendbar ist der Krankheitsbegriff sinnvoll nurmehr auf den "Wahnwitz im Großen"[2], weniger auf die individuelle Diagnose.

Lohmann betont hier vor allem die historische Bedingtheit des Krankheitsbegriffes. Die Selbsteinschätzung der Lage der Individuen bestimmt ihn ebenso wie gesellschaftliche Regeln[3]. Er zieht daraus den Schluß, daß in der modernen Industriegesellschaft, in der Gesundheit nicht mehr das wichtigste Gut, Krankheit eher die Regel ist, z. B. der Schmerz als Handlungsstrategie eingesetzt wird. Das hilfesuchende Verhalten wird damit zum objketiveren Kriterium für die Diagnose der Krankheit als klinische Symptome selbst. Jenes Verhalten zeigt sich auch konjunkturabhängig; es gilt also vom Bild des "normalen Menschen" Abstand zu gewinnen. Lohmann sieht sich in dem Dilemma, psychische Gesundheit nicht bestimmen zu können und doch auf ihren Begriff angewiesen zu sein. Der Ausweg aus dieser Zwangslage besteht für ihn in dem programmatischen Hinweis auf die P r ä v e n t i o n psychischer Gesundheit - ein pragmatischer Kompromiß, dem "Negative Dialektik" nicht mehr folgen würde.

Die vorangegangenen Überlegungen haben für die epidemiologische Disziplin die Konsequenz, die traditionelle Forschungsrichtung durch eine "Epidemiologie der Gesundheit" zu ersetzen, welche die "psychosomatischen Reaktionen des Individuums gegenüber seiner Umwelt"[4] mit einbezieht. Die medizinische Betrachtungsweise, die von dem traditionellen Krankheitsbegriff ausgeht, wird in ihr mit der Erforschung des Auftretens von Gesundheit und deren Ursachen konfrontiert. Eine Gesellschaftstheorie, die bestrebt ist, ihre Kategorien der Entwicklung ihres Gegenstandes anzugleichen, kann sich nicht mit

---

1 jewski, z. n. Lohmann, Krankheit oder Entfremdung?, S. 23).
2 Lohmann, Krankheit oder Entfremdung?, S. 73.
3 Ebd., S. 28.
Lohmann führt hier als Beispiel die Differenz der Schmerzschwelle von verwundeten Soldaten "an der Front" und Zivilisten in Friedenszeiten an. Bei den Zivilisten liegt die Schmerzschwelle deutlich tiefer.
4 Lohmann, Krankheit oder Entfremdung?, S. 192.

der "Dialektik im Stillstand" , mit dem Verschwinden erster Natur in zweiter zufriedengeben; ihr ist es vielmehr aufgegeben, deren Hoffnung befördernde, reale Differenzen aufzudekken. Während Adorno die "grimmige Scherzfrage" nach dem Verbleib des Proletariats stellt, entdeckt Lohmann psychische und psychosomatische Störungen als Gesellschaftsveränderung forderndes Potential[1]; vielleicht findet sich die von Adorno vermißte Spontaneität in dieser zweifelsohne regredierten Form passiven Widerstands wider.

Adorno antezipiert zwar Lohmanns Konklusionen einer "Epidemiologie der Gesundheit", indem er das Normale als die zeitgemäße Krankheit erfaßt (vgl. MM, 65; GS 8, 55); doch kann er solchen Überlegungen keine programmatische Validität verleihen.

4.3 Beherrschung äußerer Natur

Adorno weigert sich strikt, den Kantischen Transzendentalismus transzendieren und damit "Ursprüngliches", Natur, identifizieren zu wollen; der Gegenstand der Naturwissenschaften ist ihm bloß interessant als Signum seiner Beherrschung. Sie setzt in der Definition ihres Objekts, in ihrer Stringenz und Methode eine Systematik voraus, die einem "nicht deutlich Artikulierten" (PT 2, 83) nur durch Projektion zufällt: unser Begriff von Natur ist ein psychologischer. In seiner Weigerung zieht Adorno eine Grenze der Erkenntnis, die, wiederum nach Hegel, ihre Überschreitung impliziert. Die subjektivi-

[1] Hier werden die physischen "Erkrankungen, Deformationen und Verstümmelungen" nicht erfaßt.
Doch auch das soziale Faktum des Selbstmords gibt Aufschluß über den Zustand einer Gesellschaft und deren Mitglieder. Lohmann erkennt zwar keinen signifikanten Zusammenhang zwischen Selbstmordrate und technologischer Rationalität - für Schweden -, doch spricht allein die Monographie "Gebrauchsanleitung zum Selbstmord" von Guillon und Le Bonniec für eine solche Ableitung: sie versteht sich als eine "Streitschrift für einen freibestimmten Tod", deren Motiv die beiden Franzosen mit einem Zitat Robert Musils unterstreichen:
"'Es mag sein, daß das Leben der meisten Menschen so bedrückt, so schwankend, mit so viel Dunkel in der Helle und im ganzen so verkehrt läuft, daß erst durch eine entfernte Möglichkeit, es zu beenden, die ihm innewohnende Freude befreit wird'" (Musil, z. n. Guillon, Le Bonniec, Gebrauchsanleitung zum Selbstmord, S. 12).
Guillon und Le Bonniec räumen allerdings mit einem - möglichen - psy-

stische Inkonsistenz "Negativer Dialektik" liegt in ihrem Unvermögen, sich in dieser anthropologischen Dimension akzeptieren zu können. Somit geht Adorno nicht nur das Objekt selbst, sondern auch die Konkretion dessen Entstellung verloren; die Frage, was denn nun auf welche Weise zerstört werde, impliziert dessen Unentstelltes. Dies wiederum fordert Unmögliches: zum einen eben jene Überwindung des Subjektivismus und zum andern die Isolierung des Nicht-Ich vom Ich.

Doch zunächst zu Adornos Ausführungen zur Unterdrückung äußerer Natur:
Er setzt die Entwicklung zur Entfremdung schon bei der Beherrschung äußerer Natur durch den Menschen an und nicht erst bei der Beherrschung des Menschen durch sich selbst. Odysseus' Selbstverleugnung wird in der späteren Phase der bürgerlichen Gesellschaft zum allgemeinen Gesetz der Existenzsicherung und zum Herrschaftsverhältnis gegenüber Natur. Indem die Moderne den Auftrag expansiver Naturbeherrschung dem Freiheitspostulat der Geschichte gegenüberstellt, täuscht sie sich selbst über die Initialzündung naturgeschichtlicher Repression: Geist fesselt Natur und damit sich selbst. Natur erhält ihre Legitimität nur über deren - partielle - Unberechenbarkeit, wie sie in Naturkatastrophen zum Ausdruck gelangt.

Wie aber kann ein "gar nicht deutlich Artikuliertes, Vieles", dem doch wieder Einheit zugrundeliegt (vgl. KI, 198), beherrscht werden? Die ontogenetisch wie phylogenetisch begründete Insuffizienz und Selektivität der Wahrnehmung entwirft im Bewußtsein der Menschen eine Totale von Natur; die Unmöglichkeit rein empirischer Erkenntnis übermächtiger Naturgegebenheiten wird relativiert durch subjektive Assoziation: "die Identität des Objekts ist durch keine empirische Erfahrung zu bestätigen"[1] oder, mit Sohn-Rethel zu sprechen: "der Naturwissenschaftler erforscht die erfahrbare erste Natur in den Erkenntnisbegriffen der abstrakten zweiten Natur"[2].

---

chologistischen Mißverständnis auf; ihre Betonung liegt auf dem gesellschaftlichen Wahnsinn, den sie für 13.000 Freitode jährlich (wo?) verantwortlich machen.

1 v. Greiff, Gesellschaftsform und Erkenntnisform, S. 11.

2 Sohn-Rethel, Formcharaktere der zweiten Natur, S. 195.

Adorno verharrt darin, die naturwissenschaftliche Illusion, "des Vielen unmittelbar habhaft zu werden", als "mimetische Regression" zu beschreiben, die in "Mythologie, ins Grauen des Diffusen" (ND, 160) zurückschlägt und fegt die nomothetischen Wissenschaften mit Kantischem Rundschlag vom Tisch der Wahrheit. Die "Störfaktorentheorie" in der Darstellung v. Greiffs - die sich auch auf Kant besinnt - erklärt die naturwissenschaftliche Identifizierung ihres Gegenstands als die Isolierung einzelner "Objekte"; die Naturwissenschaften sehen sich dem Zwang zur Legitimation ausgesetzt, die experimentelle Isolierung ihrer Objekte vor dem Anspruch des Alltagsverstandes vertreten zu müssen, Natur könne über die Verallgemeinerung sinnlicher Erfahrung erkannt werden ; sinnliche Erfahrung läßt prospektive Gesetzmäßigkeiten nicht zu und muß die Möglichkeit einräumen, daß gültige Gesetze jederzeit falsifiziert werden können. Die Naturwissenschaften reagieren darauf mit der Erklärung der Gesetze durch sich selbst: Isolierung bedeutet für sie die Ausschaltung marginaler Faktoren, um das "Eigentliche", die Funktion abstrahieren zu können; wenn nun also ein natürlicher Prozeß gültigen Gesetzen zu widersprechen scheint, so ist eben nicht genügend isoliert worden. Damit sind Gesetze nicht falsifizierbar[1]: "die Störfaktorentheorie (...) wird durch die Praxis der Forschung (...) Zug um Zug verwirklicht"[2]. Nach Adorno hat solche Gesetzmäßigkeit virtuell subjektloser Rationalität die Ersetzbarkeit aller durch alle vor Augen (vgl. ND, 95). Sein Zugeständnis an die Beherrschung der Natur findet sich jedoch in seinem unbedingten Festhalten an kulturellen Errungenschaften; so wäre z. B. in der Sprache ohne Einheit "nichts als diffuse Natur" (NL, 477). Erst die Terminologie als Steigerung der Reglementierung vernichtet den Schein von Naturwüchsigkeit in der geschichtlichen Sprache (vgl. GS 11, 221); sie wird vollends zu zweiter Natur.

Nach Adornos Metapher des erwachenden Riesen, der sich langsam in Bewegung setzt, bezeichnet dessen Endspurt, in dem er

---

[1] So gilt das Newtonsche Gravitationsgesetz noch heute als Spezialfall der Relativitätstheorie.

[2] v. Greiff, Gesellschaftsform und Erkenntnisform, S. 72.

alles niedertrampelt (vgl. ST, 37), die Realität der Wolkenkratzer, während einst die Städte sich noch harmonisch in ihre natürliche Umgebung einfügten und in einigermaßen naturwüchsigen Gesellschaften die Institutionen des Tauschs noch nicht alle Macht über die Beziehungen der Menschen untereinander hatten.

Da die Auseinandersetzung mit der Natur den Menschen nicht mehr durch die verfügbaren Mittel vorgeschrieben wird[1], steht der "Megamord"[2] vor der Tür verkrampfter Harmonie; angesichts solcher Entwicklung stellt sich die Frage, ob der Mensch ein "Seitensprung der Naturgeschichte, eine Neben- und Fehlbildung durch Hypertrophie des Gehirnorgans" (DA, 198) sei - dies mag aber bestenfalls für einige Individuen und Nationen unter bestimmten gesellschaftlichen Umständen zutreffen.

Da "Negative Dialektik" sich nicht der naturwissenschaftlichen Illusion hingibt, das, was gemeinhin Natur genannt wird, erkennen zu können, beschränkt sich ihre Aufgabe auf die Kritik nomothetischer Erkenntnistheorie: erst partikulare Rationalität initiiert den Zirkel der Identifikation, durch den die Herrschaft der Natur auf den Menschen übergegangen ist. Konsequente Naturbeherrschung setzt sich als die "Idee des Menschen in der Männergesellschaft" (DA, 221) immer entschiedener durch und bleibt eine unserer bloßen Meinung.

Adornos "Protest" gegen die Beherrschung äußerer Natur, "die alles in der Natur zum Wiederholbaren macht" (DA, 15f.), bildet sich an der Vehemenz seiner Sprache, um mit ihr das subjektivistische Versäumnis einer "Versenkung ins naturgeschichtlich-außersubjektive Bruchstück" vergessen zu machen: Natur

> "spiegelt, unterjocht, dem Sieger seinen Sieg in ihrer spontanen Unterwerfung wider: Niederlage als Hingabe, Verzweiflung als schöne Seele, das geschändete Herz als den liebenden Busen. Um den Preis der radikalen Lösung von der Praxis, um den des Rückzugs in gefeiten Bannkreis, empfängt

[1] Vgl. Bulthaup, Zur gesellschaftlichen Funktion der Naturwissenschaften, S. 137.

[2] Sonnemann, Negative Anthropologie, S. 321.

> Natur vom Herrn der Schöpfung seine Reverenz. Kunst, Sitte, sublime Liebe sind Masken der Natur, in denen sie verwandelt wiederkehrt und als ihr eigener Gegensatz zum Ausdruck wird" (DA, 222).

Der Triumph beherrschter, gebrochener, geschändeter, domestizierter, verstümmelter Natur zeigt sich in Form selbsterhaltender Vernunft (vgl. DA, 222).

Exkurs: Ökosystemologie

Kehren wir nun zu den anfänglichen Überlegunene über Adornos Transzendentalismus zurück: was Adorno und v. Greiff der abstrakten Objektivität des naiven Realismus entgegenhalten, nämlich die Ontologisierung des faktisch Wandelbaren, ist deren Argumentation ebenso immanent; so erklärt z. B. Lefevre, gerade die Subjektivität sei es, "worauf ihre Objektivität und ihrer Form der Allgemeinheit beruht" als "Apperzeptionsform eines jeden Subjekts oder als Intersubjektivität"[1]. Die Gemeinsamkeit divergierender subjektiver Interessen könne in letzter Instanz nur in Form des gemeinsamen Mittels gedacht werden. Wenn Lefevre auch nur nach der Form Ausschau hält und die prinzipielle Divergenz von Subjektivität hypostasiert, so ist seiner Deklamation doch eines zu entnehmen: es geht darum, der Subjektivität in ihrer anthropologischen Dimension ein methodologisches Fundament zu schaffen, das sich zutraut, auch Subjektivität im Objektiven und der Erkenntnis damit das Außersubjektive insgesamt retten zu können; auch pragmatische Überlegungen drängen zu solcher Schlußfolgerung: partikulare Rationalität hat es "immerhin" vermocht, Natur - freilich in Form unserer natürlichen Umgebung - existenziell zu gefährden. Weiterhin entsteht die Frage: womit hat es ratio zu tun wenn nicht mit Natur?

Einen Versuch, die - funktionale - Einbindung der Menschengattung in das "Gesamtsystem" Natur aufzuzeigen, unternimmt die Ökologie, oder genauer: Ökosystemologie. Während Technokraten die Befürchtung äußern, der Mensch der nächsten Generation werde den A n s p r ü c h e n der technischen Entwicklung

---
[1] Lefevre, Zweite Natur, S. 246.

nicht mehr gewachsen sein[1] und Berechnungen anstellen, wie er in Zukunft ohne "ursprüngliche" Natur leben könne, entdecken Ökosystemologen[2] Interdependenzen zwischen sozialen und ökologischen Daten. Die Schwierigkeiten einer Theorie der Ökosysteme beginnen aber dort, wo sie ihre "Stärken" gegenüber "Negativer Dialektik" haben könnte: eben in der Koordination geistes- und naturwissenschaftlicher Methoden und Ergebnisse; stattdessen agiert sie mit einem erkenntnistheoretischen Minderwertigkeitskomplex, indem sie sich Erkenntnisse von allen naturwissenschaftlichen Disziplinen "ausleiht". Die Weise der Erkenntnisgewinnung, eben zum Zwecke der Naturbeherrschung, determiniert die praktische Anwendbarkeit der Ergebnisse; zudem fordert die Ermittlung ökologischer Daten einen immensen Arbeitsaufwand, mit dem sie die naturwissenschaftliche Phobie vor drohender Subjektivität noch unterstützt.

In letzter Instanz geht es einer Ökosystemologie auch vorrangig um den fuktionalen Aspekt der Naturbeschreibung, der in ihrer Übersetzung als "Lehre von den vernetzten Systemen"[3] noch einmal zum Ausdruck kommt; auch hier glaubt sie, mit den naturwissenschaftlichen Disziplinen auf einer Ebene kommunizieren zu müssen. Doch könnte ihre Einflußnahme auf allen Ebenen politischen Handelns vorerst doch wenigstens eine Verlangsamung der fortschreitenden Zerstörung bewirken[4].

---

[1] Angst, Systemanalyse Entscheidungshilfe, S. 83.
[2] Dieser Begriff wurde von Stugren 1972 in seinem Werk "Grundlagen der allgemeinen Ökologie" ins Leben gerufen.
[3] Vesper, Vernetzte Systeme, S. 339.
[4] Dem ökosystemologischen Verständnis der Natur steht die offizielle, legislative Version des Bewußtseins ihrer Zusammenhänge gegenüber, das sich in den Bestimmungen über "Natur- und Umweltschutz" formuliert. Ihm geht es "um die existentiellen Probleme des Überlebens und der Gesundheit, um zivilisatorische Probleme der Erholung und um ästhetische Fragen des Erlebniswertes der Landschaft und die Schönheit der Natur" (Stein, Recht des Natur- und Umweltschutzes, S. 877); solche Reduktion der Natur zum Material berücksichtigt - aus ökosystemologischer Sicht - nicht mögliche Verbesserungen der wirtschaftlichen, sozialen und kulturellen Umwelt. "Staat und Gesellschaft bemühen sich zwar seit nunmehr 25 Jahren, mittels Raumordnung und -planung eine möglichst ausgewogene Weiterentwicklung der Kulturlandschaft" (Haber, Ökologische Bestandsaufnahme, S. 25) zu erreichen, doch arbeitet mitunter der Verwaltungsapparat der Zerstörung in die Hände: er kennt keine Zeit, Rettung hingegen zählt in Bruchteilen eines Lebensalters. Hinzu kommen die diverdivergierenden Interessen und der daraus resultierende Gesetzesanarchismus von Bund und Ländern, der zu Zuständigkeitsüberschneidungen und -lücken führt.

5 ERSTE NATUR

5.1 Negative Anthropologie?

Welchen Beitrag leistet nun eine psychoanalytische Individualpsychologie zur Erkenntnis struktureller und interaktiver Interdependenzen innerhalb der totalitären Gesellschaft? Wohl nur eine mittelbare: gesellschaftliche Totalität verwirklicht sich zwar durch alle einzelnen hindurch, doch geht sie in deren Interaktion nicht auf; das praktische und damit theoretische Residuum ist ein gesellschaftliches. Aus ihrer Hypostasierung leitet sich für Adorno die methodologische Konsequenz des "Vorrangs des Objekts" ab. Nicht nur methodologisch, sondern auch theoriegeschichtlich bleibt die Psychoanalyse dialektischer Soziologie nachgeordnet[1], so daß sie sich mit der Rolle einer Hilfswissenschaft bescheiden muß.

Ihre "Unwahrheit" gründet sich auf die Intention Freuds, "seine Funde ins Totale zu treiben" (GS 8, 51): nicht nur, daß er in "Massenpsychologie und Ich-Analyse" den "methodologischen Gegensatz (...) von Individualpsychologie einerseits und Sozial- und Massenpsychologie andererseits"[2] auflöst, der "späte" Freud maßt sich auch an, Soziologie auf angewandte Psychologie reduzieren zu können; nach Adorno ist deren Trennung Ausdruck eines zwar realen aber falschen Zustands: er wird in ihr noch einmal nachgezeichnet.

Die therapeutische Praxis schließlich, Konsequenz psychoana-

---

1 Zur Theoriegeschichte dialektischer Soziologie sei hier noch anzumerken, daß das "Institut für Sozialforschung" unter Carl Grünberg ursprünglich mit einem orthodox-marxistischen Erkenntnisinteresse ins Leben gerufen wurde. Horkheimers interdisziplinäres Forschungskonzept, welches an die Stelle der Direktiven Grünbergs trat, hält an dem Primat der Sozialphilosophie fest, der es darum geht, das kollektive Schicksal der Menschen philosophisch zu deuten. Zwar hegt er den Gedanken einer fortwährenden dialektischen Durchdringung und Entwicklung philosophischer Theorie und einzelwissenschaftlicher Praxis" (Horkheimer, Sozialphilosophische Studien, S. 40), doch endet diese Durchdringung darin, die "aufs Große zielenden philosophischen Fragen anhand der feinsten wissenschaftlichen Methoden zu verfolgen, die Fragen im Verlauf der Arbeit am Gegenstand umzuformen, zu präzisieren, neue Methoden zu ersinnen und doch das Allgemeine nicht aus den Augen zu verlieren" (ebd., S. 41. Hervorh. - T.L.).

2 Reimann, Psychoanalyse und Gesellschaftstheorie, S. 63.

lytischer Theorie und Diagnose, bildet den Entwurf zur Totalität aus und reduziert ihn gleichsam zum "Bodyguard" kultureller Entwicklung. Ihr Interesse am Patienten gilt der Wiederherstellung seiner gesellschaftlichen Funktionstüchtigkeit; sie übergeht mit kulturanthropologischer Konsequenz die kritischen Implikationen des Strukturmodells und begibt sich damit in die dilemmatische Lage, daß sie "nicht mehr weiß und wissen kann, wozu sie den Patienten bringen will, zum Glück der Freiheit oder zum Glück in der Unfreiheit" (GS 8, 82). Jene Ausweglosigkeit ist aber nur eine scheinbare: wenn - aus dialektischer Perspektive - "Theorie als eine Gestalt von Praxis" (ST, 171) gedeutet wird, gerät sie, "trotz all ihrer Unfreiheit (...) im Unfreien zum Statthalter der Freiheit" (ST, 173); allein ihr ist es möglich, Trennung und gleichzeitig und falsche Identität von Individuen beschreibend zu negieren.

Die Alternative des "bellum omnium contra omnes" läßt bei Freud der Austragung solcher Antagonismen keine Chance: seine anthropologische Prämisse, also die Vorstellung des "richtigen", "von Verdrängungen unverstümmelte(n) Mensch(en)", der "in der bestehenden acquisitiven Gesellschaft dem Raubtier mit gesundem Appetit zum verwechseln ähnlich (GS 8, 67) sähe, läßt nur die Chance seiner Eingliederung in eine kulturelle Gemeinschaft[1], des Tauschs der Freiheit gegen - relative - Sicherheit; Kultur bietet "Schutz des Menschen gegen die Natur" und ermöglicht die "Regelung der Beziehungen der Menschen untereinander"[2]. Der Nutzen an der Kultur ist für Freud also weit größer als die möglichen Auswirkungen der sie bedingenden Verdrängung und Sublimierung, s o l a n g e das Individuum es versteht, die Anforderungen des Es mit denen der Außenwelt und der Selbsterhaltung harmonisch zu vereinen.

Freuds theoretisches Fundament findet ein Harmoniekonzept erst mit der Einführung des Strukturmodells. Ein Gleichge-

---

1 "Kultur" bezeichnet "die ganze Summe der Leistungen und Einrichtungen, in denen sich unser Leben von dem unserer tierischen Ahnen entfernt (Freud, Unbehagen in der Kultur, S. 85).

2 Ebd.

wicht all der Einflüsse, denen sich der seelische Apparat ausgesetzt sieht, ist als individuelles Lebensziel nicht an eine gesellschaftliche Klasse gebunden und nivelliert damit soziale Unterschiede - verschafft der Kultur noch einmal ein Alibi.

Wie aber kann dem Individuum "jene Balance der Kräfte" zugemutet werden, "die in der bestehenden Gesellschaft nicht besteht und auch gar nicht bestehen sollte, weil jene Kräfte nicht gleichen Rechtes sind" (GS 8, 65). Auch hier schwingt im Ausgleich entgegenstrebender Kräfte Freuds naturwissenschaftliche Erkenntnismaxime mit, die sich in anderen psychoanalytischen Theoremen als psychologische Okkupation des Energieerhaltungssatzes, der Umsetzbarkeit einer Energieform in eine andere, als Subsumtion einzelner Fakten unter allgemeine Gesetze und nicht zuletzt als prinzipieller "Ausschluß des Neuen, der Reduktion des seelischen Lebens auf die Wiederholung von schon einmal Gewesenem" (GS 8, 62), wiederfindet. Ein solches System ist, nach Adorno, nicht in der Lage, einen Wahrheitsgehalt aufzufassen (vgl. GS 8, 76f.) und läßt sich deshalb mit dem soziologischen Pendant Mannheims vergleichen: auch hier zeigt sich eine "Übersetzung der dialektischen in klassifikatorische Begriffe" (P, 39). Als "Symptomdenken" (P, 47) stellen Psychoanalyse und Wissenssoziologie alles in Frage und greifen doch nichts an (vgl. P, 32).

So bleibt einer - wesentlich - unhistorischen Psychoanalyse nichts als der "Bericht von den Mächten der Zerstörung, die inmitten des zerstörerischen Allgemeinen im Besonderen wuchern" (GS 8, 83), den sie einem dialektischen Wahrheitsbegriff zutragen kann. Die vielseitigen Bemühungen namentlich der Revisionisten, die geschichtlich fixierte, damit obsolete klassische Psychoanalyse auf den jeweils neuesten Stand geschichtlicher Entwicklung - methodologisch übersetzt, heißt dies auch die Soziologisierung Freudscher Theorie - zu hieven, hatte nur deren Aufweichung zur Folge. Psychoanalyse regrediert zur Ichpsychologie: "statt die Sublimierung zu analysieren, sublimieren die Revisionisten die Analyse selber" (GS 8, 28). Recht behalten sie gegen Freud insofern, als "in der entwickelten Zivilisation das Ich in der Tat zu einer selbständigen Instanz geworden ist" (GS 8, 23); der frühere Konkurrenzgeist der Mittelschicht müht sich "verzweifelt um Zulassung in die neue technologische Hierrarchie" (GS 8, 23), ohne daß jedoch der Begriff des Individuums seine volle Existenzberechtigung behält;es verbleibt eine eher archaische Einheit. Gesellschaft und ihre Mitglieder werden insofern identisch, als diese ihre Individuation verhindert. An diesem Punkt nur kommen Individual- und Sozialpsychologie sich nahe: nach Adorno ist die Vision der Realisation Beckettscher Romanfiguren eine durchaus reale (vgl. GS 8, 91).

Mit dem "noch halbwegs liberalen Stadium der bürgerlichen Ordnung"[1] schwindet zwar der Geltungsanspruch klassischer Psychoanalyse, in ihrer Rezeption aber ist sie in Deutschland nicht einmal eingeholt: sie wird nach wie vor verdrängt (vgl. GS 8, 90) oder, mit Sonnemann zu sprechen: "die Geburtsangst der Freudschen Theorie kann als eine von Freiheit bestimmt werden"[2].

Was bleibt nun einer kritischen Gesellschaftstheorie an Freuds Erkenntnissen? Sie erlauben eine konstitutionelle Differenzbestimmung zweiter Natur des Menschen in der Wandlung seit der Jahrhundertwende in Form von Kritik an jener archaischen Einheit, die sich aus psychoanalytischer Perspektive nicht mehr Person nennen darf: "bei vielen Menschen ist es bereits eien Unverschämtheit, wenn sie Ich sagen" (MM, 57). Wesentliches Moment einer Differenzbestimmung ist für Horkheimer der "Schwund der Innerlichkeit"[3], durch den z. B. Liebe der Kameradschaft sich annähert.

Kritik heißt also auch oder vielmehr: gerade Kritik an Anthropologie: "Retrospektion, die auch sich selbst noch durchschaut"[4]. Wenn Sonnemann und Adorno sich hier auch einig sein mögen, so unternimmt es jener ausdrücklicher als dieser, auf

---

1 Horkheimer, Gesellschaft im Übergang, S. 94.
2 Sonnemann, Negative Anthropologie, S. 234.
3 Horkheimer, Gesellschaft im Übergang, S. 95.
4 Sonnemann, Negative Anthropologie, S. 246.

die notwendigen erkenntnistheoretischen Implikationen der Geschichts- und Gesellschaftskritik hinzuweisen: neben der o. a. Differenzbestimmung, die als historische zu leisten ist, gilt es, Leiden als "Abwesenheit des Humanen" zu deuten; so geht sie als "klinische" Dimension mit ein in den Entwurf einer "negativen Anthropologie"[1].

Adorno selbst fordert zwar eine Sozialpsychologie, die das menschliche Potential der Spontaneität integrieren und dann entscheiden kann, ob die Prozesse der Integration das "Ich zu einem Grenzwert schwächen oder (...) das Ich kräftigen können" (GS 8, 92), zieht sich aber letztlich doch auf "seine" "Negative Dialektik" zurück.

5.2 Erkenntnistheorie versus Anthropologie

Das Stigma zweiter Natur ist die Unterdrückung und Partikularisierung menschlicher Potenzen im Dienste der Selbsterhaltung, der Reproduktion repressiver gesellschaftlicher Verhältnisse; ihnen fallen die "kulturfeindlichen" Sexualtriebe und die Urteilskraft des "alten" Subjekts zum Opfer. Beide energetischen Pole des empirischen Subjekts, Triebe und ratio, finden, nach Adorno, ihren Platz im Freudschen Strukturmodell; zu ihnen gesellt sich das Über-Ich als Manifestation des Realitätsprinzips.

Freud hat freilich nicht die ratio als Konstituens des Ich konzipiert, sondern in ihm die Selbsterhaltungstriebe angesiedelt. Wie aber verhalten sich menschliche Vernunft und und Selbsterhaltung in der Theorie Adornos zueinander?
Doch bevor wir zum Versuch einer Antwort auf diese Frage gelangen, und zwar über seine Kant-Rezeption, gilt es festzuhalten, daß die Freudschen Erkenntnisse anthropologischen Erklärungsanspruch erheben, während Adorno auf dem Hintergrund "Negativer Dialektik" Psychoanalyse zum erkenntnistheoretischen Beitrag reduziert. Seine Erkenntnistheorie wiederum fußt auf kantischer Philosophie und strengt damit eine Neuauflage des sokratischen Geständnisses an: "ich weiß, daß ich

[1] Ebd., S.249.

nichts weiß".

Adornos Kant-Rezeption gibt also nicht nur Auskunft über Funktionsweise und Abstraktionsvermögen von Verstand und Vernunft, sondern zeigt sich ebenso verantwortlich für seinen naturwissenschaftlichen und damit auch anthropologischen Agnostizismus; doch zunächst zu Kants "Kritik der reinen Vernunft".

5.2.1 Kant und die Logik

Wie bereits angedeutet, arbeiten sich Adornos erkenntnistheoretische Überlegungen zum logischen Moment als Bedingung der Erkenntnis an Kants "Kritik der reinen Vernunft" ab. Das Unternehmen Kants besteht nun darin, apriorische Erkenntnis zu suchen, um Objektivität in Subjektivität zu verankern und damit z. B. der reinen Mathematik zur Geltung zu verhelfen.

Er legt der apriorischen Erkenntnis drei ursprüngliche Erkenntnisquellen zugrunde: sinnliche Anschauung, ratio und Spontaneität. Sinnliche Anschauung beruht auf der Gegebenheit von Raum und Zeit, während der reine Verstand auf nicht ableitbare Kategorien zurückgreift. So sind also Kategorien jene Begriffe, "welche den Erscheinungen, mithin der Natur, als dem Inbegriff aller Erscheinungen (...), Gesetze a priori vorschreiben"[1]. Zwischen sinnlicher Anschauung von Raum und Zeit und kategorialer Verstandestätigkeit vermittelt nun die Einbildungskraft, Spontaneität. Sie verbindet "die Mannigfaltigkeit der sinnlichen Anschauung"[2] und wird nun "auch a priori (...) ausgeübet"[3].

Um zu empirischer Erkenntnis zu gelangen, muß das empirische Subjekt die Erkenntnisse a priori auf empirisches Material a n w e n d e n. Voraussetzung hierfür ist die "ursprünglich-synthetische Apperzeption", also

---

[1] Kant, Kritik der reinen Vernunft, Bd. 1, S. 156.
[2] Ebd.
[3] Ebd., S. 163.

"dasjenige Selbstbewußtsein (...), was, indem es die Vorstellung I c h d e n k e hervorbringt, die alle anderen muß begleiten, und in allem Bewußtsein ein und dasselbe ist, von keiner weiter begleitet werden kann"[1].

Das empirische Subjekt wendet sich via Begriffsdeduktion, da "alle Erkenntnis (..) einen Begriff"[2] erfordert, Erscheinungen zu, den einzigen Gegenständen, die uns unmittelbar gegeben sind - als Vorstellungen:

"in der Erscheinung nenne ich das, was der Empfindung korrespondiert, die M a t e r i e derselben, dasjenige aber, welches macht, daß das Mannigfaltige der Erscheinung in gewissen Verhältnissen geordnet werden kann, nenne ich die F o r m der Erscheinung"[3].

Ihr geht ein "Etwas" voraus, welches

"nicht ausgedehnt, nicht undurchdringlich, nicht zusammengesetzt ist, weil alle diese Prädikate nur die Sinnlichkeit und deren Anschauung angehen, so fern wir von dergleichen (uns übrigens unbekannten) Objekten affiziert werden"[4].

Adornos Kritik an Kants ursprünglicher Apperzeption geht nun dahin, den Dualismus von Verstand und Sinnlichkeit, Form und Inhalt, Rezeptivität und Spontaneität aufzuheben, um dann deren dialektische, d. h. ursprungslose und prozeßhafte Verschränkung aufzuzeigen. Die kantische These der "Einheit des Bewußtseins" wird damit unhaltbar, da nur "im äußerst formalen und abstrakten Sinn" (VE, 222) ein identisches. Die Kategorie der Identität zielt auf Form und Inhalt und trifft bei Kant nur die Form oder, mit Bloch zu sprechen:

"durchgehend vorhanden ist nur der Körper, der sich erhalten will, deshalb ißt, trinkt, liebt, überwältigt und so allein in den Trieben treibt, in den noch so vielfältigen, auch durch das auftretende Ich und seine Beziehungen verwandelten"[5].

Zwar besteht Kants Verdienst darin, das Jenseitige, damit Metaphysik, ins Bewußtsein verlegt zu haben, doch geschieht dies auf Kosten "lebendiger Erkenntnis". Die kantische Spontaneität läßt den Gegenstand zum Gesetz, zur "Funktionsglei-

---

1 Ebd., S. 136.
2 Ebd., S. 167.
3 Ebd., S. 69.
4 Ebd., Bd. 2, S. 368.
5 Bloch, Das Prinzip Hoffnung, Bd. 1, S. 53.

chung seiner eigenen Erscheinungen" (VE, 221) regredieren; "Negativer Dialektik" hingegen wäre "die Utopie der Erkenntnis (..), das Begriffslose mit Begriffen aufzutun, ohne es ihnen gleichzumachen" (ND, 21), Erkenntnis ohne Objekt. Festzuhalten bleibt, daß einer dialektischen Theorie die Behauptung der Ursprünglichkeit und starren Notwendigkeit einmal konstatierter Kategorien nicht genügen kann;

> "die Bedingungen, durch die die Erkenntnistheorie glaubt a priori alle Erkenntnisse bestimmen zu können, hängt immer zugleich auch von den Gegenständen selber ab, die sie von sich aus erst bestimmen zu können meint" (VE, 97).

So wie die Kategorien des Verstandes sind auch die sinnlichen Anschauungsformen Raum und Zeit durch Sprache strukturiert und verweisen damit auf ihre Gewordenheit. Die moderne Physik belegt darüber hinaus deren Interdependenzen, die auch sie nicht als ursprüngliche Monismen davonkommen lassen; freilich muß Adorno Beweiskraft und Geltungsanspruch der Physik abstreiten...

Kants Errungenschaft ist, wie bereits expliziert, die Rettung der Ontologie, der Objektivität durch Subjektivität, die sich "Negative Dialektik" aneignet, ohne die Kategorie der Vermittlung jedoch abschlußhaft zu setzen; sie kann wiederum ohne das Vermittelte nicht gedacht werden.

5.2.2 Logik und Psychologie: Prosbyterien der Erkenntnistheorie

Dialektische Erkenntnistheorie ist nicht denkbar ohne Psychologie; aber schon in der transzendentalen Logik und - Ästhetik Kants findet sie ihr Objekt in der "Dingwelt" des Apriorismus. So soll hier zum einen eine Darstellung der Kontaminationen von Erkenntnistheorie und Psychologie folgen; zum andern gilt es, Adornos erkenntnistheoretische Flucht vor Anthropologie anhand seiner Kant- und Freudrezeption aufzuzeigen.

Das Freudsche Unbewußte ermöglicht erst die Verstandesleistungen und erzwingt den innerpsychischen "Diskurs" mit ihnen mit dem Ziel des Lustgewinns einerseits und der Selbsterhaltung andererseits. An den Distinktionen von Triebleben und Verstandestätigkeit ist festzuhalten, wenn nicht der Rekurs auf eine "ursprüngliche Einheit" gesellschaftliche Wahrheit verstellen soll; doch müssen sie auch als bewußtseinsmäßige Manifestationen energetischer Formen vorgestellt werden, welche wiederum physikalischen Energieerhaltungssätzen wie auch anderen naturwissenschaftlichen Interdependenzen unterliegen, die das Individuum als Teil eines Ganzen aufweisen[1].

Doch zunächst zu den anthropologischen Implikationen der Freud-Rezeption Adornos: während Adorno es versäumt, eine Ontogenese der Vernunft zu konzipieren, fließen Freuds Ausführungen über die kindliche Entwicklung der Sexualität ein in seine gesellschaftstheoretischen Reflexionen über das "beschädigte Leben". Geprägt wird jene Entwicklung wesentlich durch die Interaktion des Kindes mit den Eltern, so daß es einer kritischen Sozialforschung obliege, Veränderungen der Familien- und Triebstruktur aufzuzeigen, obgleich die Triebnatur nur negativ, so der Kanon "Negativer Dialektik", aus dem individuellen Leid an der kranken Gesellschaft herauszulesen ist[2].

Die ubiquitären Tauschbeziehungen determinieren das Familienleben, die Autoritätsverhältnisse verschieben sich: während die Eltern früher das Realitätsprinzip vertraten, "finden wir uns einer angeblich jungen Generation gegenüber, die in jeder ihrer Regungen unerträglich viel erwachsener ist, als je die Eltern es waren" (MM, 16). Das Generationsverhältnis "ist eines von Konkurrenz, hinter der die nackte Gewalt steht" (MM, 16); es beginnt heute auf einen Zustand zu regredieren, "der zwar keinen Ödipuskomplex mehr kennt, aber den Vatermord" (MM, 16).

---

[1] Zur Problematik des "Ganzen" und der "Einheit" s. Kap. 7.: Einheit der Natur der vorliegenden Arbeit.

[2] Die programmatische Forderung nach einer kritischen Sozialforschung geht noch auf das Jahr 1955 zurück, die aber im Rahmen "Negativer Dialektik" erst endgültig aufgegeben scheint.

Wie also wirken sich die Dominanz des Berufslebens über das Privatleben bzw. deren Trennung auf die Libidostruktur aus? Adorno bleibt die Antwort im wesentlichen schuldig, wohingegen z. B. das Konzept der "vaterlosen Gesellschaft" von Mitscherlich[1] und der Entwurf eines "narzißtischen Zeitalters" von Lasch[2] einen Antwortversuch darstellen. Der Zwang zur Selbsterhaltung bestimmt die Libidoentwicklung ebenso wie die der Vernunft oder, um Horkheimer ergänzend zu zitieren: der Zerfall von Libido, Vernunft "und dem des Individuums sind eines"[3].

Im Zeichen der Selbsterhaltung stehen also auch die Ichbildungs- und Abwehrmechanismen, über die Adorno im einzelnen sagt, daß es die Sublimierung wahrscheinlich gar nicht gibt (vgl. MM, 286), während vielleicht das "Verdrängende selbst als von ihren realen Zielen abgeprallte und darum aufs Subjekt gerichtete, narzißtische Libido anzusehen sei, die dann freilich mit spezifischen Ichmomenten fusioniert wird" (GS 8, 73). Die "spezifischen Ichmomente" stehen dann für die Energien der Selbsterhaltung wie für die formale Einheit des physischen Subjekts, welches die ihm eigene instrumentelle Vernunft im versöhnten Zustand, in dem die Menschen, nach Habermas' konsequenter Weiterführung der Versöhnungsidee Adornos, "mit Tieren, Pflanzen und Steinen reden"[4], entbehren könnte.

Real aber ist die abstrahierende, instrumentelle Vernunft, dialektische Merkmalseinheit der Menschengattung, die in Form der Verdinglichung als anthropomorphe Positivität gefeiert und nicht als Entfremdung wahrgenommen wird; doch aus anthropologischer Sicht wird sie auch zum Vermögen menschlicher Erkenntnis.

Adornos theoretische Reduktion der Vernunft zum dialektischen Werkzeug der Selbsterhaltung erklärt die Abstraktion, das Gesamtschema der Aufklärung (vgl. VE, 176), für redundant, da

---

1 Mitscherlich, Auf dem Weg zur vaterlosen Gesellschaft.
2 Lasch, Das Zeitalter des Narzißmus.
3 Horkheimer, Vernunft und Selbsterhaltung, S. 31.
4 Habermas, Ein philosophierender Intellektueller, S. 196.

erst sie Triebverzicht erzwingt; Abstraktion heißt, daß der Intellekt abstirbt und schrumpft, da "sein Reichtum und seine Kraft immer noch von seinem konkreten Inhalt abhängen"[1]. Versöhnung kennt nurmehr mimetische Erkenntnis - Erkenntnis, welche ihre Subjektivität und Naturwüchsigkeit sich eingesteht.

5.2.3 Selbsterhaltung plus objektive Vernunft?

Dialektische Kritik insrumenteller Vernunft verbietet sich aus Gründen ihrer Selbsterhaltung, objektiver Vernunft Geltungsanspruch zu verleihen; sie entließe ideologische Positivität; Dialektik wäre nicht länger negativ und die Negativität des Faschismus relativiert. Sie gesteht sich ein, wie Habermas den Beweis führt, eine "Theorie der Mimesis" aufstellen zu müssen, "die nach ihren eigenen Begriffen unmöglich ist"[2]. Adornos "Abkehr vom Ziel theoretischer Erkenntnis"[3] bedeutet vor allem die Abkehr vom hehren Programm eines "interdisziplinären Materialismus"; Habermas resümiert: "das Programm der frühen kritischen Theorie ist (...) an der Erschöpfung des Paradigmas der Bewußtseinsphilosophie gescheitert"[4]. Habermas' Konsequenz ist ein Paradigmenwechsel zur kommunikativen Rationalität, dem freilich auch ein Kapitel in der von Adorno angestrengten "Geschichte des Vergessens" in der Philosophie gewidmet werden könnte.

Wenn wir nun dem vorschnellen "Wechsel des Vergessens" nicht Folge leisten, bleibt vorerst nur die Kritik am subjektivistischen Versäumnis einer Inauguration historischer Anthropologie. Adornos private Konzessionen an die Erkenntnisse der Naturwissenschaften wie an die Mittel der Produktion halten seiner gestrengen Philosophie nicht stand - und sollten es doch ...

---

1 Horkheimer, Kritik der instrumentellen Vernunft, S. 60.
2 Habermas, Theorie des kommunikativen Handelns, Bd. 1, S. 514.
3 Ebd., S. 516.
4 Ebd., S. 517f.

Wie in der Sekundärliteratur Adornos Versöhnungsidee oftmals auf die jüdische Religion zurückgeführt wird und damit eine paradigmatische Ätiologie dem Vergessen anheimfällt, ließe sich seine Aversion gegen "tote" Erkenntnis in Gesetzesform ebenso auf eine lebendige, erfahrungsreiche Kindheit zurückführen, die noch "ausgewachsene" Philosophie sich zu eigen macht:

> "ich glaube, eigentlich fragen wir alle solche Dinge [naive Fragen des Kindes wie die, warum eine Bank eine Bank sei, T. L.] und die Kunst besteht nun eigentlich darin in der Philosophie, zu diesen Fragen in gewissem Sinn die Courage zu behalten, ohne aber dabei nun doch wieder dem Kindischen zu verfallen" (VE, 142).

So bleibt also nicht nur der Bewußtseinsphilosophie, sondern auch den Erfahrungen der Kindheit und des Faschismus und der daraus resultierenden theoretischen Einbindung der Vernunft in einen evolutionistischen Funktionalismus, die Welt der Biologie, Physik und Chemie verschlossen.

Was Ulrich an der Kompensationsfunktion der Technik beschreibt[1], gerät bei Ebeling zur "Theorie der Selbsterhaltung", in der sich "selbstbewußte Orientierung auf nötige Selbststeigerung einerseits und mögliche Selbstvernichtung andererseits"[2] bedingen. Das Subjekt erhält sich in seiner Theorie im Kampf des Freiheits- und Todesbewußtseins und materialisiert den Prozeß der Selbstillusionierung und -desillusionierung in Form der Demokratisierung einerseits und der "Diktatur der Unvernunft"[3] andererseits.

Aus der Perspektive eines "hypothetischen Realismus" erklärt Konrad Lorenz die Kulturentwicklung zur "Richtungstendenz vom Einfacheren zum Komplexeren, vom Wahrscheinlicheren zum Unwahrscheinlicheren, kurz vom Niedrigeren zum Höheren hin", die vom evolutionistischen "Gesetze von Zufall und Notwendigkeit"[4] bestimmt wird. Die kognitiven Leistungen der Kultur sind für Lorenz an diese gebunden und somit Zeugnis ihrer De-

---

[1] Vgl. Ulrich, Weltniveau.
[2] Ebeling, Selbsterhaltung und Selbstbewußtsein, S. 141.
[3] Ebd., S. 152.
[4] Lorenz, Die Rückseite des Spiegels, S. 289.

terminiertheit durch Selbsterhaltung.

Bereits Montaigne entwarf in seiner "skeptischen Anthropologie" das Bild des Menschen als "Mängelwesen"; seine Feststellung, daß es Tiere gebe, "die lebensfähig sind, obwohl in ihrer Sinnesausstattung eines oder mehrere der Vermögen fehlen, die der Mensch besitzt", beinhaltet die Möglichkeit, "daß der Mensch seinerseits möglicher Sinne ermangeln könne"[1]; so ist es die ratio, der es obliegt, die Minderwertigkeit der menschlichen Organe auszugleichen. Ihrer Entwicklung und der daraus resultierenden fortschreitenden Erkenntnisgewinnung gilt der Glaube und die Hoffnung der Menschen, "Übernatur" zu verkörpern; es stellt sich daher die Frage, was diesen Prozeß ausmacht.

Nach Thomas Kuhn vollzieht sich dieser Erkenntnisfortschritt über die Formulierung neuer Paradigmen, deren "Erklärung letzten Endes eine psychologische oder soziologische sein muß"[2]. Nach Habermas bemüht sich gerade die zweite Generation der kritischen Theorie sich auf den "steinigen Weg immanenter Wissenschaftskritik" zu begeben "und den gesuchten Maßstab einer Selbstreflexion" abzugewinnen, "die in die lebensweltlichen Fundamente, die Handlungsstrukturen und den Entstehungszusammenhang wissenschaftlicher Theoriebildung, objektivierenden Denkens überhaupt hinabreicht"[3].

Ratio selbst muß als "'materiegebundene S t r u k t u r'"[4] vorgestellt werden, die der Selbsterhaltung der Menschengattung dient und, mit der Sprache des Naturwissenschaftlers zu sprechen, als Mutation ihre "Aussichten auf Energiegewinn vermehrt "oder die Wahrscheinlichkeit des Energieverlusts vermindert"[5]; oder, frei nach Bloch: nichtsim Leib läßt die Ver-

---

1 Blumenberg, Genesis der kopernikanischen Welt, Bd. 3, S. 728.
2 Kuhn, Die Entstehung des Neuen, S. 381.
3 Habermas, Theorie des kommunikativen Handelns, Bd. 1, S. 503. Dem Versuch Kuhns, sich dem "Wesen" des Erkenntnisfortschritts zu nähern, stellt sich der von Deleuze und Guattari gegenüber, den sie in ihrem Büchlein "Rhizom" ausgeführt haben; doch würde eine kontroverse Diskussion beider Standpunkte den Rahmen unserer Problematik übersteigen.
4 Weidel, z. n. Lorenz, Die Rückseite des Spiegels, S. 36.
5 Lorenz, Die Rückseite des Spiegels, S. 37.

nunft als Teleonomie, d. i. arterhaltende Zweckmäßigkeit, zu ihrem eigenen Träger machen[1]. Adornos Begriff der "Sedimentierung" kommt diesem Aspekt einer naturwissenschaftlichen Ätiologie am nächsten, ohne daß er sie jedoch einholt.

Eine historische Anthropologie, selbst nur Produkt der Historie, hätte es dann sowohl mit dem breiten Spektrum der "Kommunikation" der subjektiven Pole logos und eros zu tun, die in ihrer Distinktion selbst vermittelte Unmittelbarkeit und damit nicht aus dem Bewußtsein herauszuspinnen sind (vgl. VE, 171f.), als auch mit deren molekularem Bauplan usw.

Für die Beschreibung von Stellenwert und Funktionsweise der ratio beweist kognitive Psychologie, wie sie sich seit Piaget als strukturalistische Handlungstheorie entwickelt hat, ihre Zuständigkeit; sie macht sich z. B. um die anwendungsbezogene Differenzierung der "praktischen Vernunft" Kants vor allem durch Kohlberg[2] verdient. Der Psychoanalyse kann es aufgrund ihrer lebensphilosophischen Ausrichtung nicht gelingen, den kognitiven Leistungen einen *nicht* abgeleiteten, *eigenen* Wert, den Status vermittelter Unmittelbarkeit zu verleihen. Freilich fehlt den "Repräsentationsbildungen" der kognitiven Psychologie der Zugang zu dem Prozeß, durch den *bestimmte* Inhalte zur Entwicklung bzw. Deprivation kognitiver Strukturen angeboten bzw. vorenthalten werden; hier meldet sich wiederum kritische Soziologie zu Wort. Die systematische Koordination dieser programmatischen Fingerzeige bleibt hier jedoch ungeklärt.

Das Subjekt der Moderne ist das aus Natur heraus agierende, welches den Zwängen der Selbsterhaltung a priori und a posteriori "gehorcht" und zugleich das metaphysisch-rationale, das jene Zwänge transzendieren kann und sich anschickt, Objektivität zu "produzieren".

Adornos zentrales erkenntnistheoretisches Problem von Subjekt

---

[1] Vgl. Bloch, Das Prinzip Hoffnung, Bd. 1, S. 52.
[2] S. z. B. Kohlberg, Zur kognitiven Entwicklung des Kindes.

und Objekt würde damit um das von Subjekt und Subjekt ergänzt werden - im Kontext einer Anthropologie.

Erkenntnis ist möglich als mimetische wie als identifizierende; wenngleich Kuhn prinzipielle Unterschiede zwischen beiden Methoden festsetzt[1], ist doch eine faktische Annäherung beider noch zu diskutieren. Lorenz stellt die gleiche Frage mit einer Akzentverschiebung: "auch heute noch blickt der Realist nur nach außen und ist sich nicht bewußt, ein Spiegel zu sein. Auch heute noch blickt der Idealist nur in den Spiegel und kehrt der realen Außenwelt den Rücken zu"[2]. Doch glaubt Lorenz, sich mit der erkenntnistheoretischen Einfügung einer naturwissenschaftlichen Erörterung des physiologischen Apparates auf "seine" Seite, d. h. die des "hypothetischen Realismus" schlagen zu können.

Die erkenntnistheoretische, anthropologische und wissenschaftstheoretische Aufgabe, die sich stellt, scheint vielmehr in dem Nachweis einer realen Kontraktion von subjektivem Objektivismus und objektivem Subjektivismus zu bestehen, die ihrerseits wiederum eine Annäherung inhärieren[3].

In dieses Problemfeld geht auch die zu beobachtende horizontale und vertikale Zusammenfassung und Überwindung des Monodisziplinarismus in Wissenschaft und Kunst mit ein; dies meint einmal die Besinnung der Disziplinen auf ihre eigene Geschichte und zum andern das zunehmende Streben nach Interdisziplinarität - so wie sie das "Institut für Sozialforschung" als Programm ausgab und sich heute z. B. in der Ökosystemologie oder in der Psychosomatik abzeichnet. Der Schlüssel dieses - wenn auch nur angedeuteten - Problems mag beispielhaft in dem Zitat Simmels vergraben sein:

> "'Gewiß sind schon allein durch Mikroskop und Teleskop endliche Distanzen zwischen uns und den Dingen überwunden worden; aber sie sind doch für das Bewußtsein erst in dem Augenblick entstanden, in dem sie es auch überwand'"[4].

---

1 Vgl. Kuhn, Die Entstehung des Neuen, S. 446.
2 Lorenz, Die Rückseite des Spiegels, S. 33.
3 S. Kap. 7: Einheit der Natur der vorliegenden Arbeit
4 Simmel, z. n. Blumenberg, Die Genesis der kopernikanischen Welt, Bd. 3, S. 745.

5.3 Das "Unerfaßte": äußere Natur

Das Prinzip, welches die identitätssetzende Vernunft mit dem Begriff "Natur" zu fassen glaubt, beschreibt Adorno als das "amorphe Sein unterhalb Gesellschaft", "als gar nicht deutlich Artikuliertes, Vieles" (PT, 1, 82); sie wird repräsentiert durch das Blinde (KI, 133), Diffuse (GS 11, 477), Ruhende (GS 11, 54), Friedvolle (ÄT, 81), Funktionslose (OL, 30).

Solche bloße, ungreifbare Natur, die nur in Adornos Kindheitserinnerungen lebt, entdeckt er annähernd in Heideggers Skizze des "Niederen": "das Viele, Zerstreute ist der unartikulierte, vieldeutige, in sich nicht gebändigte Naturzusammenhang", der "uns sozusagen an den Kopf geworfen" (PT 1, 28) wird.

Adornos philosophisches Interesse an Natur geht auf den Einfluß von Karl Kraus zurück und trifft deren Verstümmelung. Gemeinsam mit Alban Berg besuchte Adorno Kraus' Vorlesungen mit der Intention, "die dreiste Dirne Sprache wieder zur Jungfrau zu machen"[1]. Sein Einfluß erstreckte sich ebenso auf die "Klage über das Schwinden der sozialen Formen der Vergangenheit"[2], der Formen also, die erstarrter zweiter Natur, Produkt stillstehender Naturgeschichte, vorausgingen. Durch den unwiderruflichen Zusammenhang von Natur und in sich verharrender Geschichte, dessen Hypothese Adorno seit seiner "Idee der Naturgeschichte" vertritt, wird für ihn jeglicher Naturalismus anachronistisch; die Schilderungen eines "Peter Camenzind" wären ihm abhold.

Wie aber kam es zu der rigiden Entgegensetzung von Natur und Geschichte?
Der ursprüngliche Beweggrund war wohl ein theologischer: die Menschenwelt wird in Verbindung gebracht mit einer überweltlichen, die sich notwendig aus dem Naturprozeß heraushebt. Zwar hat auch die Natur jene Verbindung zum göttlichen Demiurgen, doch tritt ihr der Mensch als Machender gegenüber. Der

---
1 Pettazzi, Leben und Werk Adornos, S. 25.
2 Ebd.

Mensch ist der "second maker"[1].

Doch Adornos kantischer Subjektivismus kann sich keine Zugeständnisse an diese Tatsache leisten; er wagt sich nicht an das "Ding an sich": über Natur läßt sich nichts aussagen, da Naturerfahrung dem paradoxalen Bemühen erliegt, Nichtbegriffliches durch Begriffe zu fassen. Begriffe wie "Gleichheit" oder "Ungleichheit", "Vernünftigkeit" oder"Unvernünftigkeit" sind ihr in den "Mund" gelegt. Seit Kant wissen wir, daß wir uns in unserer Erkenntnis nicht nach den Gesetzen der Natur richten, sondern "daß die Natur sich nach den Gesetzen unseres Geistes richtet" (PT 2, 20). Wer Unmittelbarkeit annähernd erfahren will, "muß dessen entfremdeter Gestalt nachforschen, den objektiven Mächten, die die individuelle Existenz bis ins Verborgenste bestimmen" (MM, 7): zur Naturerfahrung gehört notwendig "bestimmte Negation"[2]. Sie ist vermittelt durch geschichtliche Kategorien wie Tausch, Schein und Totalität. Darum haben Adornos Aussagen über das, was uns als Natur erscheint, nicht den Charakter einer in sich stimmigen Naturphilosophie, sondern eher den einer fragmentarischen Näherung an ihren Gegenstand - als Resultat behutsamster Reflexion.

Über die Möglichkeit oder Unmöglichkeit von Naturphilosophie in der heutigen Zeit, die zur Unmittelbarkeit jeden direkten Zugang versperrt, wagt Adorno kein Urteil. "Ursprünglichkeit" - hier wendet er sich Heidegger zu - besetzt in der jüngeren Philosophie die Stelle, die einmal Natur innehatte; hierzu Valery:

> "'was man als gegeben annimmt, ist allemal früher oder später hergestellt worden. Der Gedanke, daß man Dinge wieder in ihrer Ursprünglichkeit erfaßt, ist von erregender Kraft. Man stellt sich vor, es gebe ein solches Ursprüngliches. Doch das Meer, die Bäume, die Sonne - und gar das Menschenauge -, all das ist Kunst" (GS 11, 163).

Das Denken des Ursprungs ist, nach Adorno, eine Metaphysik des reinen Gegebenseins von Subjektivität, die nicht vermag, Reflexion anders als tautologisch zu begründen. Er entzieht

---

1 Shaftesbury, z. n. Maurer, Revolution und Kehre, S. 77.
2 S. dazu Kap. 6: Zweiheit der Natur? der vorliegenden Arbeit.

sich diesem Denken dadurch, daß er jenes Ursprüngliche über ethische Kategorien disqualifiziert: "noch der Baum der blüht, lügt in dem Augenblick, in welchem man sein Blühen ohne den Schatten des Entsetzens wahrnimmt. 'Wie schön' wird zur Ausrede für die Schmach des Daseins, das anders ist" (MM, 21).

Der philosophischen Ontologisierung des Ersten korrespondiert das Beharren der Naturwissenschaften auf dem Prinzip in sich stimmiger Gesetze und die Forderung wertfreier Behandlung ihres Objekts. Die naturwissenschaftliche Determination der Natur und des ihr Besonderen reduziert sie auf ihr pures Vorhandensein und entzieht ihr damit ihre Teleologie; dahinter steckt das Interesse an ihrer uneingeschränkten Beherrschung. Einer willenlosen Natur kann keine Gewalt angetan werden. Der Unterschied zwischen gewaltsamer und natürlicher Bewegung wird nivelliert. Durch die Reduktion der Natur auf ein Objekt wird der "Gegensatz von Natur und Satzung gleichgültig"[1]; diese These behauptet eine latente Funktion der nichtteleologischen Denkweise: Teleologie wird in den göttlichen Geist befördert[2], während menschliches Handeln nun auch konsequent eine naturalistische Interpretation erfährt. Die Freiheit des Handelnden liegt im Erkennen seiner eigenen Knechtschaft, alles ist "Kampf ums Dasein".

Welche Konsequenz hat die nichtteleologische Naturauffassung für die Interaktion des Menschen mit Natur?
Es bilden sich zwei philosophische Alternativen heraus: zum einen wird Natur verstanden als "individuelle Vermögensausstattung und Bedürfnisstruktur, die hervortritt, wenn der Mensch die Überformung durch die traditionelle Geschichtswelt abstreift"[3]. Zum andern wird Natur - wie gezeigt - als hypothetischer Anfangszustand, der dieser Geschichte voraufliegt, gesehen. Beide Auffassungen sind im wesentlichen Produkt der Entwicklung des Historismus im 18. Jahrhundert.

Im ersten "Fall" gewinnt der Naturbegriff eine emanzipatori-

---

1 Handbuch Philosophischer Grundbegriffe, Stichwort: Natur.
2 Ebd.
3 Historisches Wörterbuch der Philosophie, Stichwort: Natur.

sche Funktion; menschliches Handeln bleibt naturalistisch eingebunden. Die zweite Theorierichtung betrachtet menschlische Bedürfnisbegriedigung als Transzendierung des Naturgeschehens. Bedürfnisbefriedigung bedarf des Umwegs über Triebhemmung und Handeln. Zudem sind die Bedürfnisse durch die Systeme ihrer Befriedigung vermittelt.

Nietzsche wendet sich auf diesem Hintergrund den Naturwissenschaften zu, die sich erst über jene Triebhemmung legitimieren und erkennt in ihnen den Willen zur Macht über Natur. Dieser Wille ist selbst etwas Naturhaftes in uns; wie er über unser Bewußtsein herrscht, so muß die Stellung dieses Bewußtseins zur Natur als Ohnmacht gedacht werden. "Freie" Natur sei Inbegriff des Zufalls aber auch absolute Notwendigkeit, also aller subjektiven Entscheidungskompetenz enthoben. "Der Kreislauf ist nichts Gewordenes, er ist das Urgesetz, so wie die Kraftmenge Urgesetz ist"[1]; und weiter:

> "die Welt besteht; sie ist nichts, was wird, nichts, was vergeht, aber sie hat nie angefangen zu werden, und nie aufghört zu vergehen, - sie erhält sich in beidem (...). Sie lebt von sich selber: ihre Exkremente sind ihre Nahrung"[2].

Dieser Gedanke Nietzsches, der ubiquitären Stillstand verheißt, wird Adorno zum zentralen Axiom "Negativer Dialektik". Nach Sloterdijk ist dieser "subversivste Gedanke" Nietzsches zwar "kosmologisch haltlos, doch kulturmorphologisch fruchtbar"[3]. Er steht Pate für die Anbindung der Vernunft an Selbsterhaltung, dem konstanten Prinzip erster Natur, das sie erst zum "blind Objektiven" (DA, 5), zur bedrohlichen, planlosen Natur macht, deren Schwere letztlich auf ihren Widerstand zurückgeht: "die Selbsterhaltung ist wahrhaft Naturgesetz alles Lebendigen" (ND, 342).

Die ersten Belege für das Wirken instrumenteller Vernunft, also für das Auseinandertreten erster und zweiter Natur, meint Adorno an der Stufe des Denkens festmachen zu können,

---

1 Nietzsche, Der Wille zur Macht, S. 156.
2 Ebd., S. 197.
3 Sloterdijk, Kritik der zynischen Vernunft, S. 10.

die für die ionischen Naturphilosophen charakteristisch scheint.

Einer Natur, die trübe und schwer in sich beharrt und das Licht des erhellenden und erwärmenden Bewußtseins zu scheuen hat, ist "fuglich zu mißtrauen": "was unveränderlich ist an Natur, mag für sich selber sorgen. An uns ist es, sie zu verändern" (MOMU, 160). Ein Ziel der Philosophie wäre es,

> "das Bewußtsein der Menschen von sich selbst auf den Stand dessen zu bringen, was sie von Natur wissen, anstatt daß sie wie Höhlenbewohner hinter der eigenen Erkenntnis des Kosmos herleben, in dem die wenig weise Gattung homo ihr hilfloses Wesen treibt" (E, 25).

Stattdessen begehrt die Hoffnung des Menschen die Gegenwart des Ältesten; die animalische Schöpfung möchte "das Unrecht überleben, das ihr vom Menschen angetan wird, wenn nicht ihn selber, und eine bessere Gattung hervorbringen, der es endlich gelingt" (MM, 148). So sind die zoologischen Gärten nach dem Muster der Arche Noah angelegt, "denn seit sie existieren, wartet die Bürgerklasse auf die Sinftflut" (MM, 148).

Hieraus erwächst die Aufgabe dialektischer Vernunft, den Naturzusammenhang zu transzendieren; Natur wird ihr als Naturgeschichte allegorisch zugänglich. Dialektik nimmt sich der vergessenen, verdinglichten naturgeschichtlichen Vergangenheit an, die zurückreicht bis zu jener Stufe des Denkens, in der eine "Scheidung etwa zwischen metaphysischen und ontologischen Bedeutungen und Sätzen auf der einen Seite und naturwissenschaftlichen, physikalischen oder kosmologischen auf der anderen" (PT 1, 38) nicht vorhanden war, und die dennoch bereits den "urgeschichtlichen" Zustand einer klassenlosen Gesellschaft überwunden hatte. Dieser These Benjamins kann sich Adorno freilich nicht anschließen: "der herrschaftslose Zustand ist wahrscheinlich nie gewesen" (ÄT, 104); er ist ein "Phantasma guter Natur" (ND, 158).

6 ZWEIHEIT DER NATUR?

Adornos kritische Philosophie und Soziologie, welche - auf den ersten Blick - utopisches Denken ausschließen, sind nur möglich auf dem Hintergrund einer denkbaren und deshalb erstrebenswerten humanen Gesellschaft; diese definiert sich in utopischer Vorausschau nur in ihrer Versöhntheit mit Natur als human. Jene apriorische Moralität legitimiert die Kategorisierung seiner Konzeption der "Naturgeschichte" unter den Aspekt der "Versöhnung" - in Entgegensetzung etwa zum Marxschen Naturbegriff als "Stoff von Arbeit und Reproduktion des Lebens" (ÄT, 103) oder zur Natur als Legitimationsfunktion z. B. bei Rousseau oder gar zum Hobbesschen Naturbegriff als Negativität.

Die utopische Konsequenz kritischer Reflexion ist für Adorno das Bildverbot; d. h., er unterwirft sich dem formallogischen Argument, das Andere, eine nicht-repressive, mit Natur versöhnte Gesellschaft sei nicht mit dem vom Tauschgesetz okkupierten Denken auszumalen, weil jede Ausdifferenzierung eines humanen Zustands auf die begriffliche Vermittlung der heutigen, inhumanen Gesellschaft zurückgreifen muß und damit unwahr wird. In solcher Verabsolutierung des Anderen bildet "Negative Dialektik" eine "dialektische Komplementarität"[1] aus, in Entgegensetzung etwa zu den Utopien einer v o l l k o m m e n e n Gesellschaft von Plato und Jamblichos bis Joachim di Fiori und von Morus und Campanella bis Fichte, Owen, Fourier, Cabet und Saint-Simon[2]. Utopisches Denken manifestiert sich für Adorno an der kritischen Methode "Negativer Dialektik" einerseits und "Ästhetischer Theorie" andererseits, denn

> "nur Menschen ohne Kindlichkeit und Menschenliebe, die schon so altklug geboren wurden, daß sie mit zehn Jahren bereits nicht mehr an den Weihnachtsmann oder etwa an Rübe-

---

[1] "Bei diesem operativen Verfahren handelt es sich darum, den Anschein einer gegenseitigen Ausschließung von Begriffen oder gegensätzlichen Elementen auszuräumen; diese erweisen sich für die dialektische Erhellung als Zwillinge, als Dubletten, die sich jeweils als Funktion der anderen bestätigen und dadurch in die gleichen Ganzheiten eintreten, wobei diese Ganzheiten von sehr verschiedener Art sein können" (Gurvitch, Dialektik und Soziologie, S. 231).

[2] Veränderung der Gesellschaft, S. 17.

zahl glauben können, nur solche Menschen sind fähig, eine Zukunfts d o k t r i n zu lehren, statt eine Zukunfts h o f f - n u n g zu hegen"[1].

6.1 Bestimmte Negation

Dialektik will seit der griechischen Philosophie "durchs Denkmittel der Negation ein Positives erreichen" (ND, 9), also letztlich doch affirmativ sein. Affirmation aber führt unter der Herrschaft des allumfassenden Identitätsprinzips zur Systemstabilisierung und ignoriert die zunehmende Verdinglichung zwischenmenschlicher Interaktion in den hochindustrialisierten Staaten in Ost und West.

Es klingt zynisch, wenn Adorno stattdessen mit der "Negativen Dialektik" als eines sich an Modellen abarbeitenden Antisystems aufwartet, um durch die Eiswüste der Abstraktion zu konkretem Philosophieren zu gelangen. Negative Dialektik wendet sich als Antisystem gegen systematische Philosophie. System ist ein Ganzes, eine Totalität; jedes Ganze, das lehrt uns Adornos Antwort auf Hegel[2], aber ist unwahr.

Antisystematische Philosophie trachtet danach, Konkretion über die "bestimmte Negation" zu erzielen, um dann an die Stelle des Einheitsprinzips "die Idee dessen zu rücken, was außerhalb des Banns solcher Einheit wäre" (ND, 9). Dialektik dient der Versöhnung und endet erst in ihr. Bestimmte Negation ist der Blick auf das Phänomen, der deutend der unvorstelbaren Totalität des Ganzen inne wird; sie ist die "Versenkung ins Einzelne" (ND, 38), immanente Kritik oder, nach Kerkhoff, "Mikrologie der Immanenz"[3]. Sie legt die Diskrepanz von Begriff und Sache bloß. Begriff meint, nach Sigwart, "eine Vorstellung, die die Forderung durchgängiger Konstanz, vollkommener Bestimmtheit, allgemeiner Übereinstimmung und zweideutiger sprachlicher Bezeichnung erfüllt"[4].

Sache bedeutet hier hingegen dessen pervertierte Realisation

---

1 Schumacher, Angst vor dem Chaos, S. 357.
2 "Das Ganze ist das Unwahre" (MM, S. 57).
3 Kerkhoff, Die Rettung des Nichtidentischen, S. 178.
4 Philosophisches Wörterbuch, Stichwort: Begriff.

in der versteinerten, entfremdeten Gesellschaft; immanente Kritik also deshalb, weil von der Potentialität des Begriffs ausgegangen wird und nicht von einem fiktiven Anderen. Hierbei kann Kritik aber nicht auf die Wahrheit der Begriffe rekurrieren, die sie zwar respektiert, aber nicht positiv hat; dort liegt die Grenze der Kritik. Sie übersteigt die bloße Existenz des Fragmentarischen also nur in Form von Hoffnung; zu dieser Hoffnung gesellt sich Verzweiflung, nicht Optimismus. Lediglich die nicht monoman in sich verharrende Verzweiflung "vermag im Vorhandenen das zu retten, was Hoffnung macht"[1], deshalb kommt Hoffnung allein den Hoffnungslosen zu[2]; den Hoffnungslosen aber bleibt lediglich das Bildverbot.

6.2 Bildverbot

Das Bildverbot ist der jüdischen Religion entlehnt und verbietet jegliche Form von Utopie sowohl die wissenschaftliche Projektion, die leicht auf "bloße Extrapolation dominierender objektiver Tendenzen"[3] reduziert wird als auch das abstrakte Ideal, welches kaum durch eine Kritik der gegebenen gesellschaftlichen Realität vermittelt ist[4].

Einer kritischen Theorie bleibt keine andere Alternative als äußerste Askese jeglichem Offenbarungsglauben gegenüber, äusserste Treue zum Bildverbot, weit über das hinaus, was es einmal an Ort und Stelle meinte. In einer Kritik an Bubers Kierkegaardrezeption bekennt sich Adorno zur Theologisierung seiner Versöhnungsidee: Buber habe durch seine Säkularisierung des Begriffs des "Existentiellen" die Schwelle von Natur und Übernatur verwischt und damit "aus Theologie weihevoll den Stachel entfernt, ohne den Erlösung nicht gedacht werden

1 Allkemper, Rettung und Utopie, S. 114.
2 Diese These erinnert trotz ihrer philosophisch begründeten Unbestimmtheit an das Marxsche Theorem des Proletariats als Revolutionspotential.
3 Veränderungen der Gesellschaft, S. 18.
4 Das Bildverbot richtet sich demnach auch gegen konstruktive Verknüpfungen beider Extreme, wie z. B. den Versuch von Jean Amery: "Nur beide Utopien zusammen - die technisch-szientifische wie die humanistische Sozialutopie -, nicht bloß koexistierend, sondern komplementär kooperierend, könnten eine reale Macht werden, die der Mensch der blinden Bedrohung durch das Morgen entgegenzusetzen vermag" (Amery, Weiterleben - aber wie?, S. 57).

kann" (JE, 17).

Gerade jene theologisch indizierte Universalisierung der Versöhnungsidee bestimmt Habermas als aporetisch: wenn die Idee der Versöhnung in zwangloser Kommunikation aufginge, "enthielte sie nicht die Forderung, daß Natur die Augen aufschlägt - daß wir im versöhnten Zustand mit Tieren, Pflanzen und Steinen reden"[1]. Für Habermas, den Apologeten des herrschaftsfreien Diskurses, wird die Idee der universalen Versöhnung ebenso grundlos, wie der "Begriff einer kategorial anderen Wissenschaft (...) leer"[2] ist. Für Adorno hingegen ist jeder Versuch, jene prospektive Askese zu ignorieren, mit der "Ohnmacht der Vermessenheit geschlagen" (P, 141).

Das Bestehende, die versteinerte Gesellschaft, wird als Objekt der Kritik in seiner Negativität verabsolutiert; die theoretische Konsequenz ist die, daß die repressive Gesellschaft alles, somit auch das sie Transzendierende, in ihren Bann zieht; sie verdammt es zur Immanenz. Diese konstruierte Totalisierung aber ist Übertreibung. Wäre die Verblendung tatsächlich so lückenlos negativ , so wäre das Wissen des Ganzen als negativ unmöglich[3]. Das Bildverbot wird in dieser Übertreibung dialektisch: affirmativ und negativ zugleich. Es sperrt sich gleichzeitig gegen das Ausmalen einer humanen Utopie und gegen die Aussage, eine solche Utopie sei nicht realisierbar. Allkempers Rechtfertigung der Totalisierung bleibt mystisch, wenn er schreibt: "die Wahrheit der Übertreibung ist die Unwahrheit des Bestehenden"[4]. Die totalisierende Übertreibung hat die Funktion, vor Relativierung und damit vor Affirmation zu schützen.

1 Habermas, Ein philosophierender Intellektueller, S. 196.
2 Ebd., S. 197.
3 An diesem Punkt setzt auch die Kritik der "Eindimensionalität" der repressiven Gesellschaft Marcuses an, ohne allerdings über ihn hinauszugelangen; so schreibt z. B. Offe: "Wenn sie [Marcuses Theorie, T. L.] mit der These der 'Eindimensionalität' [statt mit der der Historizität, T. L.] arbeitet, gerät die kritische Theorie in das Dilemma, entweder das Argument der umfassenden Manipulation einzuschränken und strukturelle Lücken im System repressiver Rationalität konzedieren zu müssen, oder auf eine Erklärung für ihre eigene Denkmöglichkeit zu verzichten" (Offe, Technik und Eindimensionalität, S. 86f.).
4 Allkemper, Rettung und Utopie, S. 116.

Nur die totale Negation rechtfertigt unter der Voraussetzung der Erfahrung des "alten" Subjekts, das historisch schon verurteilt ist, die Erwartung des Anderen. Auf der Meßlatte der Totalität setzt Übertreibung bei zweiter Natur an, welche ihre Herkunft aus erster immer mehr vergißt. Totalisierung enthebt Adorno der Pflicht, die empirische Bestimmung realer Divergenz von erster und zweiter Natur leisten zu müssen. Er bleibt damit hinter der programmatischen Forderung, wie sie von den Mitgliedern des Instituts für Sozialforschung angestrengt wurde, eben die nach interdisziplinärer Forschung, zurück.

Übertreibung sagt per definitionem, daß das "Dunkel der Welt" nicht total ist. Die einzig akzeptable Legitimation der Übertreibung ist jene, daß Erkenntnis kein Licht hat, "als das von der Erlösung her auf die Welt scheint" (MM, 333). Diese scheint nur, wenn Affirmation in Gestalt der Relativierung menschlichen Leids umgangen wird; m. a. W. : Erkenntnis ist nur möglich mit dem Wissen um das Erkenntnisinteresse, aber nicht irgendeines Interesses, sondern nur das an einer Humanisierung der Welt. Das Erkenntnisinteresse wiederum kann nur Fuß fassen auf einer verabsolutierten, also axiomatischen, Ausweglosigkeit, die es aufzuzeigen gilt. Aus der Ausweglosigkeit resultiert eine kritische Hoffnung - keine beschwichtigende.

> "Die Versöhnung verlangt um ihrer selbst willen Totalitätsaussagen, die das Andere des versöhnten Zustands wie die Negativität des Bestehenden betonen; sie verlangt aber zugleich auch um ihrer selbst willen, um sich nicht als Versöhnung wie als Anderes durchzustreichen, die Zurücknahme der Totalitätsaussage"[1].

Negative Dialektik reflektiert also auch ihre eigenen Grenzen. Sie folgt dem Impuls, "den Naturzusammenhang und seine Verblendung, die im subjektiven Zwang der logischen Regeln sich fortsetzt, zu transzendieren, ohne ihre Herrschaft ihm aufzudrängen: ohne Opfer und Rache" (ND, 145). Sie ist eine traurige Wissenschaft, die sich auf die Lehre vom richtigen Leben bezieht (vgl. MM, 7). Das Bildverbot ist aber nicht nur das Resultat religiös indizierter Totalisierung des Bestehenden

---

[1] Ebd., S. 117.

und Weigerung der Zukunftsschau, sondern auch wesentlich Ergebnis einer geschichtlichen Konzeption von Natur; so schreibt z. B. Horkheimer über die Rolle der Psychologie im Rahmen einer kritischen Theorie:

> "Sie hat es nicht mehr mit dem Menschen überhaupt zu tun, sondern in jeder Epoche sind die gesamten in den Individuen entfaltbaren seelischen Kräfte, die Strebungen, welche ihren manuellen und geistigen Leistungen zugrunde liegen, ferner die den gesellschaftlichen und individuellen Lebensprozeß bereichernden seelischen Faktoren zu unterscheiden von den durch die jeweilige gesellschaftliche Gesamtstruktur determinierten und relativ statischen psychischen Verfassungen der Individuen, Gruppen, Klassen, Rassen, Nationen, kurzum von ihren Charakteren"[1].

Ein rein geschichtliches Konzept, welches von jeglicher geschichtlicher Kontinuität, eben bis auf die Negativer Dialektik, absieht, zwingt utopisches Denken zur Selbstzensur. Es wird relativistisch im Hinblick auf die Validität von Voraussagen und "damit inadäquat als anthropologische Basis für aktive gesellschaftliche Praxis"[2]. Eine kritische Einschätzung einer historisch gegebenen Gesamtheit sozialer Beziehungen kann nur mit der Vision humanerer sozialer Bezüge einhergehen.

Dies geschieht bei Adorno explizit im Rahmen der ersten Zurücknahme des Bildverbots durch den Rekurs auf die Erinnerung des alten Subjekts; implizit aber ist jener Rekurs Voraussetzung von Kritik - bereits vor einer ersten Zurücknahme. Aber auch die Prinzipien des alten Subjekts erliegen der die dialektische Aufklärung stigmatisierende Entfremdung. Zudem kommt der Rückgriff auf bürgerliche Prinzipien einer Anthropologisierung gleich; aber "die Annahme von Naturgesetzen (...), am wenigsten im Sinne eines wie immer gearteten Entwurfs vom sogenannten Menschen" (ND, 348), darf nach dem Programm Negativer Dialektik nicht ontologisiert werden. Sie birgt außerdem die Gefahr einer naiven, romantischen Idealisierung des Menschen in sich. Der Rückgriff auf alte Erfahrungen reduziert sich damit auf den Wunsch, die eigene Kindheit möge wiederkehren.

---

[1] Horkheimer, Geschichte und Psychologie, S. 133.
[2] Veränderungen der Gesellschaft, S. 22.

Eine dritte Anstrengung, das Bildverbot ätiologisch zu begründen, liegt in der Verknüpfung der Dominanz innerer wie äußerer Natur: sie folgt, nach Adorno, der gleichen Logik. Um äußere Natur beherrschen zu können, bedarf es der Unterdrückung innerer Natur. Da beide Prozesse instrumenteller Vernunft unterliegen, bleibt als notwendige Konsequenz wiederum nur die kritische Hoffnung: instrumentelle Vernunft zieht alles in ihren Bann. Dieser antiutopische Zug Negativer Dialektik weist unweigerlich auf die übergangene Differenzierung von Handlungs- und Systemrationalität hin.

> "Eine Begriffsstrategie, die die Gesellschaft nach dem Modell eines sebstgesteuerten Systems vorstellt, (...) bindet die sozialwissenschaftliche Analyse an die Außenperspektive eines Beobachters und stellt uns vor das Problem, den Systembegriff so zu interpretieren, daß er auf Handlungszusammenhänge angewendet werden kann"[1].

Adorno hingegen berücksichtigt diese Differenzierung nicht: Totalisierung schließt deren Relevanz aus. Aber auch Habermas, der erste innere Natur der Logik kommunikativer Rationalität unterstellt, bietet mit seinem optimistischen und euphemistischen Konzept keine gangbare Alternative. Die Insistenz auf herrschaftsfreiem Diskurs erinnert an den kategorischen Imperativ Kats und macht sich mit diesem des Voluntarismus schuldig.

Strenggenommen sind auf der Stufe des strikten Verbots utopischen Denkens lediglich Begriffe wie der des "Anderen" als des Unverfügbaren, Fremden möglich, um sein Objekt bezeichnen können; sie beschreiben Kontrafaktizität auf logisch-wertneutraler Ebene.

6.3 Unabbildbarkeit des Naturschönen

Adorno begreift Natur als Erscheinung; sie steht damit nicht für Anderes und wird nicht unter die ihr fremde Allgemeinheit und Einheit der Rationalität subsumiert, durch die sie erkennbar und verwertbar ist. Ihre Repräsentation in Kunstwerken ist unterschieden von Naturerkenntnis und -verwertung. Natur, die Rohstoff für die Kunst wäre, wäre damit affirmativ:

---

[1] Habermas, Theorie kommunikativen Handelns, Bd. 2, S. 226f.

"jedes laute Rühmen der Schönheit der Natur" macht "Natur zum Fetisch"[1].

Sie erscheint nicht in Kunstwerken, denn dies widerspräche der "Unabbildbarkeit des Naturschönen" (ÄT, 105). Das Theorem der Unabbildbarkeit des Naturschönen stellt das ästhetische Äquivalent zum Bildverbot Negativer Dialektik dar. Aber bereits mit der Konstatierung des Naturschönen wird die aus der Totalitätsthese resultierende Grenze der Wißbarkeit überschritten. Das Naturschöne ist nun die "Spur des Nichtidentischen an den Dingen im Bann universaler Identität" (ÄT, 114).

Durch "Herrschaft reflektierende Durchbildung"[2] ahmt Kunst Naturschönes nach, nicht Natur; dies darf aber nicht als "ästhetische Bewahrung einer ursprünglichen, schönen Natur verstanden werden"[3]. Schön ist an Natur, was als mehr erscheint, als was es im Moment der Rezeption tatsächlich ist; das lediglich negativ bestimmbare Mehr des Naturschönen ist nicht kategorisch zu unterscheiden. Das Naturschöne ist unbestimmt; es gehört zur Substanz des Schönen, daß es sich dem festen Begriff entzieht. Die Abbildung verletzt das "Unbestimmbare durch aufdringliche Direktheit"[4]. Das Bild des Schönen "als des Einen und Unterschiedenen entsteht mit der Emanzipation von der Angst vorm überwältigenden Ganzen und Ungeschiedenen der Natur" (ÄT, 82), also mit der Emanzipation des Geistes von der Natur. Es steht für Harmonie, Versöhnung, Frieden und ist damit die Absage an das diffus Chaotische.

Naturschönes ist "sistierte Geschichte, innehaltendes Werden" (ÄT, 111); es "geht im Zeitalter seines totalen Vermitteltseins in seine Fratze über" (ÄT, 105), so daß es zur Allegorie des Jenseitigen wird. Das authentische Kunstwerk als Statthalter außerästhetischer Natur rettet sie durch Negation; in der Konfiguration von Mimesis und Rationalität hängt es der Idee der Versöhnung von Natur nach, indem es sich

---

1 Allkemper, Rettung und Utopie, S. 142.
2 Ebd., S. 143.
3 Lindner/ Lüdke, Kritische Theorie, S. 30.
4 Allkemper, Rettung und Utopie, S. 143.

vollkommen zu zweiter macht: "das vollendet objektivierte Kunstwerk ginge ins absolut ansichseiende Ding über und wäre Kunstwerk nicht länger. Würde es, was der Idealismus ihr zumutet, Natur, so wäre es abeschafft" (ÄT, 442).

Die Konfiguration von Mimesis und Rationalität ist eine Funktion des naturbeherrschenden Moments: ist dieses stark, so wird im Kunstwerk konstruiert; ist Natur "warm und üppig" (ÄT, 131f.), so dürfte mimetische Ausdrucksform stärker zum Tragen kommen. Das Verhältnis der Kunst zur gesellschaftlichen Realität ist in den traditionellen Gegensätzen Engagement - l'art pour l'art, in Unter- bzw. Überbestimmung der Kunst zu diskutieren. Das engagierte Kunstwerk kann die Verbindung von ästhetischem und politischem Moment nur auf Kosten des einen oder des anderen vornehmen, während Kunst, die sich emphatisch selbst zum Gegenstand macht, strenggenommen keinen Gegenstand hat. "Die kritische Rettung der Autonomie durch Kunst"[1] ist deshalb nicht in jenen sich ausschließenden Extremen zu suchen.

Das Gesellschaftliche der Kunst ist nicht über ihre funktionale Bestimmung innerhalb der Gesellschaft festzumachen, sondern "die Immanenz der Gesellschaft im Werk ist das wesentlich gesellschaftliche Verhältnis der Kunst" (ÄT, 345). Das utopische Moment der Kunst liegt im Unnützen, welches die Antithetik von Nutzen und Nutzlosigkeit transzendiert. Das Unnütze verschließt sich fetischistisch der Tauschwertnützlichkeit. Adorno sieht also in der Radikalisierung des fetischistischen Selbstzwecks und in dessen Geständnis die einzig legitime Methode autonomer, gesellschaftskritischer Kunst. "Ästhetische Negation herrschender Zweckrationalität" gelingt nur "durch Mimesis an diese"[2].

6.4 Zur Systematik des Antisystems

Negative Dialektik ignoriert also bereits per se, durch Kritik, das Bildverbot; ebenso Ästhetische Theorie: Kunstwerke

---

[1] Ebd., S. 171.
[2] Ebd., S. 175.

unterliegen der Paradoxie, daß sie, was sie setzen, doch nicht setzen dürfen" (ÄT, 122), und schon seit Hegel ist bekannt, daß das Setzen von Grenzen bereits ihre Überschreitung impliziert. Wäre das Andere tatsächlich das ganz Andere, gäbe es zwischen Realität und Möglichkeit keine Vermittlung, und Adorno stünde, wie ihm Kritiker entgegnen, der Utopie gleichgültig gegenüber. Aber schon die Konstatierung der Widersprüchlichkeit des bestehenden Ganzen ist intentional.

Widersprüche sind Brüche, in denen das Andere gebrochen erscheint. Es erscheint in der Umkehrung verabsolutierter Kritik der gegenwärtigen geschichtlich- gesellschaftlichen Deformationen in Positivität. Utopie avanciert zur Spiegelschrift dialektischer Kritik[1]. Adorno will dies aber nicht als Positives verstanden wissen; so schreibt er über das Diktum des Nichtidentischen, daß es "nicht durch Negation des Negativen", geschweige denn unmittelbar, "als "Positives zu gewinnen" (ND, 161) sei. Was aber, so stellt sich hier die Frage, wird dann aus seiner Wittgenstein-Revision, daß nämlich gerade der Philosoph sich dem paradoxen Unterfangen zu stellen habe, "mit den Mitteln des Begriffs das zu sagen, was mit den Mitteln des Begriffs eigentlich nicht sich sagen läßt, das Unsagbare eigentlich doch zu sagen" (PT 1, 56).

Nichtidentität folgt nun also, nach Adorno, als Negation der Negation aus dem ubiquitären Zwang zur Identität Aller mit Allen. Sie macht sich zunächst als die "opferlose Nichtidentität" (ND, 277) am Subjekt fest; es ist gleichzeitig identisch - mit sich selbst. Im bestehenden Ganzen ist es identisch mit Anderen, nichtidentisch mit sich selbst. Ein "Miteinander nichtidentischer Identität"[2] schließt sodann Natur mit ein; der solidarische Respekt der Menschen voreinander ist zugleich der vor Natur, deren Restitution die der Menschheit impliziert. Adornos Philosphie ist eine Apologie des Unangepaßten, Nichtsubsumierbaren - eben des Nichtidentischen; er will es "durch umkreisende, seinlassende 'Bestimmung' vor

---

[1] Vgl. Geyer, Aporien, S. 59.
[2] Allkemper, Rettung und Utopie, S. 178.

der tödlichen Umarmung begrifflicher Identifikation schützen"[1].

Die Elemente des Anderen sind in der Realität bereits versammelt, "sie müßten nur, um ein Geringes versetzt, in neue Konstellationen treten, um ihre rechte Stelle zu finden" (ÄT, 199). Ihm soll das Erbe der Vorzeit entsühnt zufallen. Dies meint die Idee der Versöhnung; aber auch sie darf, nach Adorno, nicht als Synthese im traditionellen dialektischen Sinne verstanden werden. Ihr obliegt ebenso die Pflicht, sich mit der Rolle der Negation des Negativen zu bescheiden. Für ihre Artikulation benötigt sie das Medium der Reflexion.

Versöhnung meint immer das Ganze,sie läßt sich nicht auf Teilbereiche eingrenzen. Es ist den Teilen nicht länger mehr heteronom übergeordnet, sondern den Teilen immanent, an denen wiederum ungebrochen das Ganze aufschiene.

> "Der versöhnte Zustand annektierte nicht mit philosophischem Imperialismus das Fremde, sondern hätte sein Glück daran, daß es in der gewährten Nähe das Ferne und Verschiedene bleibt, jenseits des Heterogenen wie des Eigenen" (ND, 192).

Die abstrakte Idee der Gleichheit sollte nicht einmal als Idee propagiert werden.

Universaler Tod als falsche Versöhnung der Extreme kann umschlagen in die "richtige" Versöhnung: Liebe; sie ist, nach Kerkhoff, "die uneingestandene Herzmitte" des Adornoschen "Denkens, das bewußt die Lieblosigkeit als Methode gewählt hat"[2]. Nicht nur die Angst, "das Mal kruden Naturstandes" (JE, 128), vorm Tod verschwände in einer befreiten Gesellschaft; auch die "M ö g l i c h k e i t, daß die Menschen nicht mehr sterben müssen", hat nichts Schreckliches mehr, sondern ist "im Gegenteil das (..), was man eigentlich will" (WS, 66).

Eine emanzipierte Gesellschaft wäre charakterisiert durch die Aufhebung des Widerspruchs zwischen Allgemeinem und Besonderem (vgl. ND, 154). Dazu bedarf es der radikalen Selbst-

---

1 Kerkhoff, Die Rettung des Nichtidentischen, S. 152.
2 Ebd.

erkenntnis der Vernunft, der Einsicht in ihre Naturwüchsigkeit. Geist nimmt seine Herrschaft über Natur zurück, um den Bann der Naturwüchsigkeit zu durchbrechen (vgl. GS 11, 499). Indem Vernunft über Natur hinausgelangt, könnte sie, "mit sich versöhnt, den mimetischen Regungen in einer liebenden Zuwendung zur Natur und im freien Sichüberlassen an die Natur zu ihrem Recht verhelfen, ohne sich aufzugeben"[1]. Natur gibt ihre Verschlossenheit auf: Natur an sich und Natur für sich wird nicht mehr unterschieden. Vernunft ist nicht bloß das Andere naturbeherrschender Versöhnung, das Ende des Naturstandes, auch nicht dessen abstrakt Anderes, sondern geht aus ihm hervor.

Das Andere, Synonym für das Versöhnte, ist das "nicht Gesetzte" (ÄT, 87), "das Unwirkliche" (ÄT, 123), "das An sich der Sache" (ÄT, 460); es will - "nicht für sich, dem Bewußtsein nach, jedoch an sich" (ÄT, 199). Kunst und Philosophie verhelfen seinem Willen zum Ausdruck. Versöhnung meint also die des Einen und Mannigfaltigen, von Geist und Natur, Subjekt und Objekt, Allgemeinem und Besonderem, Innen und Außen, Begriff und Sache. Dialektik als "Ontologie des falschen Zustands" (ND, 22) hat damit ihr Ende und mit ihr Naturgeschichte .

6.5 Unsystematische Reflexionen über einen versöhnten Zustand

> Vergeßt nicht beim Stuttgart-Besehen
> die Neckarstraße zu gehen.
> Vom Nichts ist an diesem Ort
> der alte Glanz lange fort.
> Und der Verdacht ist groß:
> hier war schon früher nichts los
>
> Samuel Beckett

Die positive Bestimmung der Utopie scheitert also - wie eben gezeigt - an der Ausschließlichkeit bestimmter Negation, dem damit einhergehenden Bildverbot und seiner säkularisierten Form der Dialektik ohne Synthese. Versöhnung, "der höchste Begriff des Judentums" (DA, 178), hat ihren Sinn nur in deren Erwartung; der versöhnte Zustand ist dennoch nicht anders "als

[1] Allkemper, Rettung und Utopie, S. 112.

durch sein Wie" (ÄT, 173) zu konkretisieren.

Adorno verläßt hier implizit und ohne die geringste programmatische Absicht die Ebene der Systematik des Antisystems Negativer Dialektik, um im Rahmen eines Versuchs "Momente der (..) Philosophie von subjektiver Erfahrung her darzustellen" (MM, 12). Dieser Ansatz bedingt es, daß jene Stücke "nicht durchaus vor der Philosophie bestehen" (MM, 12), der sie entstammen; er verzichtet also auf expliziten theoretischen Zusammenhang.

Was meint nun "Erfahrung"? Sie meint letztlich nichts anderes als den Rekurs auf die eigene Lebensgeschichte, der die "Ahnung des aberwitzigen quid pro quo" (MM, 7) aufrechterhält und das Leben noch erscheinen läßt. Als philosophische Erfahrung soll sie Bedingung von Erkenntnis sein. Nach dem üblichen Wissenschaftsideal - sei es ontologisch, positivistisch usw. - ist sie in dieser Funktion der "Objektivität" wissenschaftlicher Erkenntnis abträglich, elitär und undemokratisch. Während einerseits Objektivität nach dialektischer Theorie eines "Mehr an Subjekt" (ND, 50) bedarf und andererseits positivistische Wissenschaft die subjektive Ätiologie ihrer "virtuell subjektlosen Rationalität" (ND, 51) übergeht, ist doch gerade der Elitarismus vom Bürger gewollte Legitimation der "Unantastbarkeit" naturwissenschaftlicher Forschung.

Nach positivistischer Interpretation entzieht sich der Rekurs auf Erfahrung demokratischer Diskursivität. Die "souveräne Sachlichkeit" des Positivismus, die mit dem Subjekt "zugleich Wahrheit und Objektivität" (MM, 164) liquidiert[1], ist aber selbst Ausdruck der "Logik des Zerfalls". Er ist zu dieser unkritisch, "indem er das Hinkommen sich zutraut und bloß aus Gewissenhaftigkeit zu zaudern sich einbildet" (MM, 166), eben in Form seines Modells der Falsifikation. Die "Fühlung mit den Gegenständen" ganz "ohne Willkür und Gewalt" (MM, 334)

---

[1] "Daß das Individuum mit Haut und Haaren liquidiert werde, ist noch zu optimistisch gedacht (...). Das Unheil geschieht nicht als radikale Auslöschung des Gewesenen, sondern indem das geschichtlich Verurteilte tot, neutralisert, ohnmächtig mitgeschleppt wird und schmählich hinunterzieht" (MM, 176).

ist nur über Erfahrung möglich, die entgegen dem naturwissenschaftlichen Forschungsideal deren Vereinzelung und Isolation verhindert, da sie nur über deren Interdependenzen und ihr Gefüge sich konstituiert. Erfahrung heißt hier also die des "alten Subjekts", "das für sich noch ist, aber nicht mehr an sich" (MM, 8). Auch wenn die Menschen "immer noch besser als ihre Kultur sind" (MM, 51), so ist es doch nur Wenigen, Privilegierten vorbehalten, jene Differenz ergründen zu können.

Die Antezipation eines versöhnten Zustands, die heute liquidiert scheint, bedarf der Erinnerung und Assoziation; sie zehrte einmal "von der Liebe der Mutter" (MM, 17). Das utopische Bild einer versöhnten Gesellschaft, welches für Adorno nur denkbar ist mit dem einer versöhnten Natur, wird in der Bilderwelt der Kindheit angesiedelt, nicht zuletzt deshalb, weil "hier - und nur hier - ein Zustand sichtbar wird, in dem der Tod keinen Platz hat"[1]. Die kantische Idee des "ewigen Friedens", welche unter den abstrakten Utopien dem versöhnten Zustand am nächsten kommt, läßt sich nur noch in einer glücklichen Kindheit erahnen: es

> "läßt einzig an einem bestimmten Ort die Erfahrung des Glücks sich machen, die des Unaustauschbaren, selbst wenn nachträglich sich erweist, daß es nicht einzig war. Zu Unrecht und zu Recht ist mir Amorbach das Urbild aller Städtchen geblieben, die anderen nichts als seine Imitation" (OL, 23).

Nach Scheible wäre für Adorno die Utopie verwirklicht gewesen "in dem Augenblick, da die bürgerlichen Prinzipien mit der bürgerlichen Wirklichkeit in Einklang gewesen wären"[2]. So z. B. zu lesen in "Minima Moralia", in denen er "Unabhängigkeit, Beharrlichkeit, Vorausdenken, Umsicht" (MM, 34), dem Guten und Anständigen am Bürgerlichen nachtrauert und daraus abzuleitende Begriffe wie "Solidarität, Zartheit, Rücksicht, Bedacht" (GS 8, 388) für das namenlose Andere einstehen läßt. Dennoch lassen sich bei Adorno bürgerliche und utopische Ideale nicht identifizieren; dies zeigt sich z. B. an seiner Kritik bürgerlicher Utopisten: die Frage nach dem Ziel der

---

1 Scheible, Geschichte im Stillstand, S. 116.
2 Ebd., S. 114.

Utopie ruft bei ihnen "Antworten wie die Erfüllung der menschlichen Möglichkeiten oder den Reichtum des Lebens hervor, die Erinnerungen an das sozialdemokratische Persönlichkeitsideal vollbärtiger Naturalisten der neunziger Jahre" (MM, 206) wecken. Solche Vorstellungen und Wünsche orientieren sich, nach Adorno, am Modell der Produktion als Selbstzweck.

Das Bild vom "ungehemmten, kraftstrotzenden, schöpferischen Menschen" (MM, 206) ist ebenso wie der damit verbundene Begriff der Dynamik durchsetzt vom Fetischismus der Ware; er dient der Legitimation gesellschaftlicher Gewalt. Zu fürchten ist die "Kollektivität als blinde Wut des Machens" (MM, 207), die Barbarei.

Doch auch in Adornos unsystematischen Reflexionen über einen versöhnten Zustand findet sich das Marxsche Ideal der Produktivkraftentwicklung wieder: die immanente Entfaltung der Produktivkräfte erlaubt die Verringerung menschlicher Arbeit auf einen Grenzwert. Diese Folgeerscheinung der Technik ist es Adorno wert, sie auf eine rätedemokratische Form des Zusammenlebens der Menschen zu übertragen. Doch auch unter dieser Voraussetzung müssen in ihr "nicht alle Räder laufen" (GS 8, 395); die Vorstellung der vollen Ausnutzung industrieller Maschinerie wie der Zwang zur Realisation des technisch Denkbaren resultiert in der kapitalistischen Gesellschaft aus der Furcht vor dem Arbeitslosen, der mit ihr verschwindet.

Obgleich Arbeit in einer befreiten Gesellschaft "nicht länger das Maß aller Dinge sein müßte" (GS 8, 237), ist es denkbar, daß kein Mensch mehr "auf der ganzen Erde" (GS 8, 585) an materieller Not leiden müßte. Dennoch ist der Gedanke, die Befriedigung und Reproduktion von Bedürfnissen verliere ihre Negativität mit dem Kapitalismus, fetischistisch. Zu folgern wäre, daß einer befreiten Menschheit die Entwicklung "anderer" Technologien obliegen müsse, die sich innerer wie äußerer Natur einpassen würden.

Auch für eine befreite Gesellschaft wäre Verwaltung und Arbeitsteilung unabdingbar, Verwaltung aber eine ausschließlich von Sachen; ihnen wiederum widerfährt das Ihre, "sobald sie ganz ihren Zweck fänden, erlöst von der eigenen Dinglichkeit" (OL, 123). Eine solche Gesellschaft, die eins wäre mit den Interessen der Menschen, kennt nicht mehr den Zwang, der Genuß den Menschen fernhält; gestillter Drang, der alles läßt wie es ist, ist ebenso Signum von Versöhnung wie Gesetzlosigkeit.

Die Menschenagieren nicht mehr als Personen, da sie vom Ich befreit sind derart, daß das Ich das Es "wissend und aus Freiheit (..) dorthin begleitet, wohin es will" (GS 11, 444). Der "richtige" Mensch sieht dem "Trieb ins Auge", um ihn zu erfüllen, "ohne ihm Gewalt anzutun und ihm als einer Gewalt sich zu beugen" (GS 11, 444). Das Über-Ich existiert nicht mehr; somit stehen sich das Es und Genius versöhnt gegenüber. Dennoch kehrt die Problematik des Einzelnen wieder.

In einer versöhnten Gesellschaft verschwindet der Gegensatz von Reglosigkeit und totalitärer Ordnung, Widerspruch und Widerspruchslosigkeit haben keinen Gegenstand mehr. Es besteht kein Verlangen mehr "nach der schlechten Schauspielerei von Hedy Lamarr oder den schlechten Suppen von Campbell" (GS 8, 394). Das Unnütze ist keine Schande, Langeweile kein Thema mehr. Anpassung verliert ihren Sinn, stattdessen werden Unabhängigkeit und Initiative der Individuen gefördert, ihre ungefesselte Potentialität bleibt erhalten. Sie haben ihr Glück daran, in der gewährten Nähe verschiedene zu sein. Liebe ist nicht länger vom Tauschprinzip deformiert. Vielleicht sind freie Menschen auch von ihrem Willen befreit.

Der Tausch wird nicht nur abgeschafft, sondern auch erfüllt: "keinem würde der Ertrag seiner Arbeit verkürzt" (ND, 291). So wie Freiheit begrenzt ist, auch durch die befreite Gesellschaft, ist Naturbeherrschung nicht von der Erfüllung der Natur zu trennen. Aber Hunger und Sorge verschwinden offensichtlich ganz. Hunger bleibt für Adorno die einzig isolierbare und damit konstatierbare Bedürfniskategorie, auch gerade in einer befretien Gesellschaft, die sich "rein" aus der vergesellschafteten Bedürniskomplexität herausschälen läßt.

Schließlich steht Adorno noch dafür ein, der Ehe wieder zu ihrem Recht zu verhelfen; heute ist sie "eine der letzten Möglichkeiten, humane Zellen im inhumanen Allgemeinen zu bilden" (MM, 30). Dafür rächt sich das Allgemeine mit ihrem Zerfall. Sie wäre erst wieder "anständig", wenn beide Partner

> "ihr eigenes unabhängiges Leben für sich haben, ohne die Fusion, die von der ökonomisch erzwungenen Interessengemeinschaft herrührt, dafür aber aus Freiheit die wechselseitige Verantwortung füreinander auf sich nähmen" (MM, 29).

Die subjektiv wie von Dialektik selbst erzwungene Zurücknahme des Bildverbots hat aber letztlich keine programmatische Funktion dahingehend, daß sie konstruktive, praxisnahe Perspektiven aufzeigen oder doch wenigstens andeuten könnte. Adorno, der Apologet seiner Kindheit, hat bereits sein Glück in dieser gefunden und verharrt so in - wenn auch kritischer - Lethargie und Wehmut; anders als die ewig Getretenen, welche, wenn sie selbst nicht wieder treten, das "Glück" nur erahnend, als Begriff nur vernommen, ihm nachjagen, um es mit Inhalten füllen zu wollen. Sie können nicht bei der Klage verweilen "O selig, ein Kind noch zu sein".

Bürgerliche "Anständigkeit", religiöse Zukunftsangst, familiäre Harmonie und, nicht zu vergessen, die Erfahrung des Faschismus sind die wohl wesentlichen subjektiven Aspekte, die in Methode verhüllt, Adorno doch in der Zukunftshoffnung verharren zu lassen:

> "Ein Mensch, der fähig ist, Buddha zu begreifen, ein Mensch, der eine Ahnung hat von den Himmeln und Abgründen des Menschentums, sollte nicht in einer Welt leben, in welcher common sense, Demokratie und bürgerliche Bildung herrschen. Nur aus Feigheit lebt er in ihr"[1]...

[1] Hesse, Der Steppenwolf, S. 72f.

7 EINER SCHLUßBETRACHTUNG STATT: EINHEIT DER NATUR

An dieser Stelle über die "Einheit der Natur" zu schreiben, erscheint zunächst nur als notwendiges Implikat unserer übergreifenden Themenstellung; doch würde uns eine Rekonstruktion der Konstitutionsbedingungen Newtonscher Physik des konzentrischen und unendlichen Raumes[1] und darüber hinaus deren Rückwirkungen auf ein normatives Weltbild die soziologische Relevanz eines kosmologischen Paradigmenwechsels aufzeigen, der wiederum unter dem gleichen Fragenkomplex zu untersuchen wäre; freilich können wir diese Problematik hier nicht erörtern.

Der Begriff der "Einheit" gewinnt für Adorno in erster Linie ideologiekritische Bedeutung: er paßt sich heute ein in den praktikablen "Jargon der Eigentlichkeit", der "unbesehen (...) das Urteil der Tradition" (JE, 40) tradiert, dem zugleich die Weisung inhäriert, der "Gedanke soll nicht zu sehr sich anstrengen" (JE, 15). Der Begriff der "Einheit", der uns vom "Ungeschiedenen der Vorzeit" erst abhebt, da sie der Dichotomie des Einen und des Vielen noch nicht gewahr werden konnte, verliert seine kritische Dimension: "sein gegenwärtiger Gebrauch läßt alles verschwimmen" (ÄT, 484) - der Jargon mißbraucht ihn für die unversöhnte Welt der Phänomene.

Gesetzte, auferlegte Einheit ist ein "Glättendes, Harmonistisches, das der reinen Logizität" (ÄT, 90f.); sie bedeutet Identifizierung und suspendiert damit den Sinnzusammenhang. Solcher reduktionistischen, weil formalistischen Phänomenologisierung des Prinzips der Einheit werden wir noch bei der Darstellung der quantentheoretischen Überlegungen v. Weizsäckers wie der systemtheoretischen Betrachtungen begegnen. Seiner faktischen Anwendung steht das - freilich auf der Ebene der Erfahrung liegende, subjektivistische - Spezifikum des

---

[1] Vgl. Newton, Mathematische Prinzipien der Naturlehre, S. 39 u. 550ff. Die Newtonsche Theorie verlangt, "daß die Welt eine Art Mitte habe, in welcher die Dichte der Sterne eine maximale ist, und daß die Sternendichte von dieser Mitte nach außen abnehme, um weit außen einer unendlichen Leere Platz zu machen" (Einsten, Relativitätstheorie, S. 71).

Adornoschen Nichtidentischen im Wege - Inhaltlichkeit, die heute diffundiert sich zeigt und zudem das umfaßt, was Prigogine "Irreversibilität" - oder auch "Pfeil" - der Zeit nennt[1].

Wir haben mit der Dichotomie des Einen und des Vielen schon die "ursprünglichen" Distinktionen des Einheitsbegriffs angedeutet: "in Wahrheit ist Einheit, wie die Philosophie erstmal im Platonischen Parmenidesdialog reflektierte, nur als eine von Vielem zu denken" (ÄT, 484). Platon erklärt hier das Eins zur Bedingung der Vielheit, des Seienden, das "unbegrenzt an Menge"[2] ist; wenn Eins am Sein teil hat, so auch am Seienden, auf welches allein wirkliche Erkenntnis bezogen ist. Platon kommt zu dem Schluß: "wenn Eins nicht ist, so ist nichts"[3]. Über dieses Eine kann aber nichts ausgesagt werden; es ist weder identisch noch nichtidentisch mit sich, noch hat es irgendeine andere Eigenschaft. Ein zweites Prinzip neben dem des Einen gelten zu lassen, würde wiederum die Prinzipien des "Gemeinsamen" und des "Verschiedenen" mit sich ziehen.

Seit Einstein spricht nun auch die Physik von der Einheit der Welt als von eigener Erkenntnis ihrer Endlichkeit und immanenten Interdependenzen; deren kosmologischem und damit objektivistischem Geltungsanspruch kann das Adornosche "Eine" sich freilich nicht anschließen - ebensowenig dem Platonischen Formalismus. Die moderne Physik, die sich - per se und nicht erst als moderne - zutraut, Aussagen über das Außersubjektive treffen zu können, entlarvte die scheinbare Unendlichkeit des Kosmos als Unzulänglichkeit unseres physiologischen Apparates, das "vierdimensionale Kontinuum" als solches wahrnehmen zu können.

---

1 Vgl. Prigogine Dialog mit der Natur, S. 271.
2 Platon, Parmenides
3 Ebd., 166b10-c1. Dazu der Übersetzer: "Der Schluß, so wie er ist, ist total unbefriedigend. Man müßte daraufhin die Existenz von Eins als notwendig ansetzen; aber die Annahme davon hatte in den Reihen 1-4 schon zur Antinomie geführt. Man weiß also gar nicht mehr, was gelten soll" (Ebd., S. 172 Anm. 278).

Jenes Kontinuum behält "nach der speziellen Relativitätstheorie jenen absoluten Charakter, welchen nach der früheren Theorie sowohl der Raum als auch die Zeit - jeder besonders - besaß"[1]. Während die "frühere Theorie", mechanistisch-kartesianische Weltanschauung, "von Anfang an nicht nur die Präsenz des Menschen, sondern auch die Erscheinungen des Lebens ausschloß"[2], bezog Einstein den Beobachter und seine Sprache, die wiederum erst Vorstellungen von Raum und Zeit vermittelt, in den Erkenntnisprozeß mit ein, unter der Prämisse, daß Körper sich nicht a b s o l u t, sondern r e l a t i v zueinander bewegen; hierbei zeichnet sich "keiner der Bezugskörper K, K' vor dem anderen"[3] aus. Die physikalischen Objekte sind nicht mehr erkennbar ohne ihre gegenseitigen Wechselwirkungen; so zeigt sich z. B. fortan die Zeit abhängig von der Gravitation[4].

Einstein aber hatte "im Grunde eine kartesianische Weltanschauung"[5]; er wollte die Konsequenzen seiner Theorie nicht akzeptieren, indem er an der prinzipiellen Möglichkeit einer reversiblen Zeit festhielt, der sich z. B. Benjamins Begriff der "Vergänglichkeit" auf "rein" philosophischer Ebene entzieht[6]. So kam es auch prompt, wie uns Prigogine schildert, zu einer "historischen Szene", "als Henri Bergson gegen Einstein die Auffassung zu begründen versuchte, daß es eine Vielzahl von nebeneinander existierenden 'erlebten' Zeiten gebe"[7]; Einstein wertete seinen Versuch als bloße Phänomenologie, die keine physikalische Tiefe besitze.

Prigogine kommt jedoch zu dem Schluß: "die d u r é e, Bergsons erlebte Zeit, hätte in die Grundlagen der Physik die Irreversibilität eingeführt"[8]. Anzufügen sei hier noch Mumfords Feststellung, daß Zeit in Form der Geschichte "fast nur in der jü-

---

1 Einstein, Mein Weltbild, S. 132.
2 Mumford, Mythos der Maschine, S. 428.
3 Einstein, Relativitätstheorie, S. 41.
4 Ein relativistisch-soziologisches Erklärungsmodell der Zeitorganisation legte nun Luhmann in "Soziale Systeme" vor. Er definiert sie in Abhängigkeit von der jeweiligen Selbstreferenz eines Systems (vgl. v. a. S. 377ff.).
5 Capra, Wendezeit, S. 86.
6 Vgl. Kap. 2: Die Idee der Naturgeschichte der vorliegenden Arbeit.
7 Prigogine, Dialog mit der Natur, S. 285.
8 Ebd., S. 286.

dischen Tradition"[1], wie eben der Begriff der "Vergänglichkeit" auch in der Rezeption Adornos, zur Geltung gelangt. Sie wird hier "als notwendige und sinnvolle Offenbarung universaler Kräfte angesehen"[2]; die Kenntnis ihrer Universalität freilich müßte dem konsequenten Subjektivisten verschlossen bleiben.

v. Weizsäcker zieht nun für die Quantenmechanik eine theoretische Linie vom Platonischen "Einen" zu ihren Objekten; ausgehend von der ambivalenten Bedeutung des Satzfragments: "wenn (es) Eines ist oder wenn nicht Eines"[3], kommt er zu dem Ergebnis, den Begriff des "Einen" oder der "Einheit" auf die Welt der Phänomene, auf quantentheoretische Objekte, anwenden zu können. Diese Objekte haben eine - unbeobachtbare - Einheit[4]; erkennbar werden sie erst in Folge des Verlusts ihrer Einheit, indem sie mit anderen Objekten in Wechselwirkung treten. Adornos Einwand könnte nun darin bestehen, daß die konstatierte Einheit nur eine im formalsten Sinne und somit keine Einheit mehr sei, so daß die Frage ihrer Beobachtbarkeit sich nicht erst stellt.

Seit der "Unbestimmtheitsrelation" von Niels Bohr gesteht sich die Physik wenigstens ein, daß sich ein Objekt in keinem seiner Zustände vollständig beschreiben läßt[5]; so zieht Bateson die Konsequenz, "jedes Ding" nicht mehr durch das zu definieren, "was es an sich ist, sondern nur durch seine Zusammenhänge mit anderen Begriffen"[6]; dennoch hielten die Naturwissenschaftler bislang am Begriff der "Einheit" fest. Er ist der begriffliche Reflex auf die vorgefundene mikroskopische Anarchie sichtbarer Phänomene und fiktiver Quanten.

Noch die Newtonsche Physik brauchte sich des "Mannigfaltigen und Wandelbaren" nicht zu erwehren; sie reduzierte es "aprio-

---

1 Mumford, Mythos der Maschine, S. 428.
2 Ebd.
3 Platon, Parmenides, 137c4.
4 v. Weizsäcker, Die Einheit der Natur, S. 481f.
5 Vgl. Capra, Wendezeit, S. 83.
6 Ebd.

risch" auf das "Identische und Dauerhafte"[1]. Newtons "Lex quarta" zwang die vorhandenen Kräfte in eine vektorielle Form der Darstellung, so daß sie sich - Monaden gleich - willkürlich addieren oder in Komponenten zerlegen ließen. Er kannte zwar ein "System von Körpern", doch bewegen sich darin dessen Elemente "b e l i e b i g unter einander", wie er am Beispiel unseres Sonnensystems verdeutlicht; ihr "gemeinschaftlicher Schwerpunkt" wird "entweder ruhen oder sich gleichförmig in gerader Linie bewegen"[2]. Wechselwirkungen treten hier noch als F e h l e r auf: "die gegenseitigen Wechselwirkungen der Planeten auf einander sind, im Vergleich mit den Wirkungen der Sonne auf dieselben, unbeduetend und bringen daher keine bemerkbaren Fehler hervor"[3].

Erst Ernst Haeckel brachte die "Einheitlichkeit der Welt" auf die Tagesordnung der Wissenschaften. Auf der Basis der "mechanistischen oder monistischen Philosophie" behauptet er,

> "daß überall in den Erscheinungen des menschlichen Lebens, wie in der übrigen Natur, feste und unabänderliche G e s e t z e walten, daß überall ein notwendiger ursächlicher Zusammenhang, ein K a u s a l n e x u s der Erscheinungen besteht, und daß demgemäß die ganze, uns erkennbare Welt ein einheitliches Ganzes, ein 'Monon' bildet"[4].

So hofft auch die moderne Quantenmechanik, "alle Spezies von Objekten (...) auf eine einzige Grundgesetzlichkeit"[5] zurückführen zu können und bleibt damit der Kausalität klassischer Mechanik verpflichtet.

Haeckels Zeitgenosse Nietzsche sieht nun in diesem Begriff der Einheit die n o t w e n d i g e Identifizierung und Entqualifizierung des Vielen. Ausgehend von einem menschlichen Willen, "etwas uns gleich zu machen"[6], definiert er Denken als ein "fälschendes Umgestalten", so daß "L e b e n nur vermöge eines solchen F ä l s c h u n g s a p p a r a t e s möglich"[7] ist. Er kommt zu dem Schluß, daß wir "Einheiten" nötig haben, "um r e c h-

---

1 Prigogine, Dialog mit der Natur, S. 280.
2 Newton, Mathematische Prinzipien der Naturlehre, S. 532.
3 Ebd., S. 533.
4 Haeckel, Anthropogenie oder Entwicklungsgeschichte, S. 940.
5 v. Weizsäcker, Die Einheit der Natur, S. 469.
6 Nietzsche, Der Wille zur Macht, S. 195.
7 Ebd., S. 194.

nen zu können: deshalb ist nicht anzunehmen, daß es solche Einheiten gibt"[1]. Doch die jüngste physikalische Forschung, welche sich zum Ziel setzt, Relativitätstheorie und Quantenmechanik zu einer vollständigen Theorie subatomarer Teilchen zu vereinen, scheint ihm widersprechen zu wollen: sie geht dazu über, keine fundamentalen Einheiten mehr zu akzeptieren[2].

Die heutige Wissenschaft hat aber immer noch ein Weltbild ohne "'Blau, Gelb, Bitter, Süß, Schönheit, Freude, Kummer'"[3], wie Schrödinger, einer ihrer Protagonisten, sich eingesteht - auch wenn sie, nach Capra, sich "mit Worten wie organisch, ganzheitlich und ökologisch charakterisieren läßt"[4]; gerade das Attribut "ökologisch" verweist, wie wir von Haeckel erfahren, auf den alten Formalismus.

Newtons Zweckrationalismus zielte ab auf die Beherrschung der kosmischen "Maschine"; auf diesem steinigen Weg reichte die Alltagssprache nicht mehr aus; "dazu bedurfte es neuer Symbole und logischer Operationen - Algebra, Trigonometrie, Differenzialrechnung und Vektorenanalyse"[5]. Demgegenüber hat, nach Heisenberg,

> "die Entwicklung und die Analyse der modernen Physik die wichtige Erfahrung vermittelt, daß die Begriffe der gewöhnlichen Sprache, so ungenau sie auch definiert sein mögen, bei der Erweiterung des Wissens stabiler zu sein scheinen als die exakten Begriffe der wissenschaftlichen Sprache, die als eine Idealisierung aus einer begrenzten Gruppe von Erscheinungen abgeleitet sind"[6].

Zu diskutieren bleibt hier freilich die Frage, inwieweit ein sich abzeichnender Prioritätenwechsel von der Beherrschung der Natur zu ihrer Erhaltung nicht auch bloß Ausdruck einer an Selbsterhaltung gebundenen instrumentellen Vernunft ist.

Was sind nun aber die wesentlichen Errungenschaften der "neuen" Physik?

---

1 Ebd., S. 199.
2 Vgl. Capra, Wendezeit, S. 97f.
3 Schrödinger, z. n. Mumford, Mythos der Maschine, S. 402.
4 Capra, Wendezeit, S. 80.
5 Mumford, Mythos der Maschine, S. 378.
6 Heisenberg, Physik und Philosophie, S. 168.

Tendenziell treten Wahrscheinlichkeiten an die Stelle deterministischer Gesetze, ersetzt "konkrete" Sprache abstrakte Symbole; das Axiom der Irreversibilität und Relativität der Zeit löst die Annahme ihrer Umkehrbarkeit und Absolutheit ab[1]; Statik geht über in Dynamik, Materie verflüchtigt sich in Wellen, und die Isolation von "Körpern" zum Zwecke ihrer physikalischen Kartierung erweist sich als unzulässig im Zeitalter stetiger Bewegung, Veränderung und Wechselwirkung.

Doch die Wissenschaft steht "immer noch genügend im Bann des archaischen mechanischen Weltbilds (..), um organische Vorgänge, die nicht in sein beschränktes Schema passen, nicht wahrhaben zu wollen"; dies zeigt, "wie attraktiv und wirksam dieses vereinfachte Modell war - und leider noch ist"[2]. Diese strikte Trennung des "neuen" vom "alten" Weltbild der klassischen Mechanik, wie sie Mumford vornimmt, ist freilich auf diese Weise nicht zu ziehen; ein Ergebnis der vorliegenden Arbeit ist sicherlich, daß wir uns mit ideologisch verkürzten Begriffen wie denen der "Attraktivität" und "Wirksamkeit" nicht zufriedengeben dürfen. So hofft der Verfasser auch auf die Hintergründe des "Banns von Archaismen" hinreichend eingegangen zu sein. Ein weiteres Resultat finden wir in der theoriegeschichtlichen Rückführung des Denkens der "Ganzheitlichkeit" auf ihre mechanistisch-formalistischen Ursprünge, die wir im folgenden noch kurz ergänzen wollen.

So gliedert sich auch Haeckels "Ökologie", die durch Stugren im Jahre 1972 ihr jetziges theoretisches Fundament erhielt[2] und z. B. als "Sozialökologie" Einlaß gefunden hat in die neuere Sozialisationsforschung[3], ein in eine allgemeine "Theorie der Wechselwirkungen" oder "allgemeine Systemtheorie"; sie ist die Wissenschaft des vernetzten Denkens, der offenen und geschlossenen Systeme: "Systemschau betrachtet Welt im Hinblick auf Zusammenhänge und Integration"[4]; Diffe-

---

1 Vgl. dazu Newton, Mathematische Prinzipien der Naturlehre, S. 25f.
2 Mumford, Mythos der Maschine, S. 417.
3 Stugren, Grundlagen der allgemeinen Ökologie.
4 Neue Wege in der Sozialisationsforschung, hrsgg. v. H. Walter.
5 Capra, Wendezeit, S. 80.

renzen und Desintegration geben seiner Selbstregulation erst ihre Bedeutung. Alles und jedes kann als System betrachtet werden - auch dies weist auf v. Weizsäckers Interprattion der Platonischen "Einheit" zurück.

Die Orientierung der Systemtheorie am Formalismus der Abstraktion und am physikalischen Axiom der Entropie zwingt sie zu teleologischen Erklärungsmodellen, die selbstredend von allem "Leiden", allem "Bösen", das "nur darin besteht, daß wir einzelne uns nicht mehr als unlöbare Teile des Ganzen empfinden, daß das Ich sich zu wichtig nimmt"[1], nichts wissen will. Sie hat ihren eigenen Begriff der Einheit, dem die Existenz der Menschengattung oder gar des "blauen Planeten" gleichgültig zu sein scheint; daran ändert auch Capras systemtheoretischer Rekurs auf die östliche Mystik des "I Ging" nichts -diese bleibt ihr aufgesetzt. Versöhnung, "das Eingedenken des nicht länger feindseligen Vielen" (ND, 18), ist ihren Vertretern anthropozentrische "Gefühlsduselei".

[1] Hesse, Kurgast, S. 59.

LITERATURVERZEICHNIS

Adler, Max, Natur und Gesellschaft. Soziologie des Marxismus 2, Wien, Köln, Stuttgart, Zürich 1964.
Adorno, Theodor W. , Über Walter Benjamin, Frankfurt/Main 1970.
Ders., Offener Brief an Rolf Hochhuth, FAZ v. 10.6.1967.
Ders., Max Horkheimer, Dialektik der Aufklärung. Philosophische Fragmente, 8. Aufl., Frankfurt/Main 1981.
Ders., Negative Dialektik, 2. Aufl., Frankfurt/Main 1980.
Ders., Dissonanzen. Musik in der verwalteten Welt, Göttingen 1956.
Ders., Eingriffe. Neun kritische Modelle, 9. Aufl., Frankfurt/Main 1980.
Ders., Einleitung in die Musiksoziologie, Frankfurt/Main 1962.
Ders., Soziologische Exkurse, Frankfurt/Main 1956.
Ders., Arnold Gehlen, Ist die Soziologie eine Wissenschaft vom Menschen? Ein Streitgespräch, in: Friedemann Grenz, Adornos Philosophie in Grundbegriffen, Frankfurt/Main 1974.
Ders., Jargon der Eigentlichkeit. Zur deutschen Ideologie, 4. Aufl., Frankfurt/Main 1969.
Ders., Kierkegaard. Konstruktion des Ästhetischen, Tübingen 1933.
Ders., Ohne Leitbild. Parva Aesthetica, 7. Aufl., Frankfurt/Main 1980.
Ders., Zur Metakritik der Erkenntnistheorie. Studien über Husserl und die phänomenologischen Antinomien, 2. Aufl., Frankfurt/Main 1981.
Ders., Moments musicaux, Frankfurt/Main 1964.
Ders., Minima Moralia. Reflexionen aus dem beschädigten Leben, Frankfurt/Main 1975.
Ders., Philosophie der neuen Musik, Tübingen 1949.
Ders., Prismen. Kulturkritik und Gesellschaft, Frankfurt/Main 1976.
Ders., Gesammelte Schriften 1: Philosophische Frühschriften, Frankfurt/Main 1973.
Ders., Gesammelte Schriften 8: Soziologische Schriften 1, Frankfurt/Main 1972.
Ders., Gesammelte Schriften 11: Noten zur Literatur, Frankfurt/Main 1974.
Ders., Gesammelte Schriften 13: Die musikalischen Monographien: Versuch über Wagner; Mahler. Eine musikalische Physiognomik; Berg. Der Meister des kleinsten Übergangs, Frankfurt/Main 1971.
Ders., Gesammelte Schriften 15: Komposition für den Film; Der getreue Korrepetitor, Frankfurt/Main1976.
Ders., Gesammelte Schriften 16: Musikalische Schriften I-III: Klangfiguren; Quasi una fantasia; Impromptus, Frankfurt/Main 1978.
Ders., Stichworte. Kritische Modelle, 2. Aufl., Frankfurt/Main 1978.
Ders., Drei Studien zu Hegel, Frankfurt/Main 1974.
Ders. u. a., Studien zum autoritären Charakter, 4. Aufl., Frankfurt/Main 1982.
Ders., Philosophische Terminologie I, Frankfurt/Main 1973, Philosophische Terminologie II, Frankfurt/Main 1974.

Ders., Ästhetische Theorie, 5. Aufl., Frankfurt/Main 1981.
Ders., Vorlesungen zur Ästhetik 1967-68, Zürich 1973.
Ders., Vorlesung zur Einleitung in die Erkenntnistheorie 1957-58, Frankfurt/Main o. J.
Ders., Vorlesung zur Einleitung in die Soziologie 1968, Frankfurt/Main 1973.
Ders., Etwas fehlt ... Über die Widersprüche der utopischen Sehnsucht. Ein Gespräch mit Theodor W. Adorno. In: Rainer Traub u. Harald Wiese (Hg.), Gespräche mit Ernst Bloch, Frankfurt/Main 1975, S. 58-77.
Allkemper, Alo, Rettung und Utopie. Studien zu Adorno, Paderborn, München, Wien, Zürich 1981.
Alth, Michaela, Erwiderung auf Tombergs Kritik an Adorno, in: Das Argument 30 1964, H. 3, S. 156-158.
Amery, Jean, Weiterleben - aber wie? Essays 1968-1978, Stuttgart 1982.
Angst, Dieter, Systemanalyse Entscheidungshilfe, in: Natur- und Umweltschutz in der Bundesrepublik Deutschland.

Benjamin, Walter, Geschichtsphilosophische Thesen, in: ders., Illuminationen, Frankfurt/Main 1955.
Ders., Ursprung des deutschen Trauerspiels, Frankfurt/Main 1963.
Birzele, Karl-Heinz, Mythos und Aufklärung. Adornos Philosophie, gelesen als Mythos - Versuch einer kritischen Rekonstruktion, Diss., Würzburg 1977.
Bloch, Ernst, Das Prinzip Hoffnung, 3 Bde., 8. Aufl., Frankfurt/Main 1982.
Blumenberg, Hans, Die Genesis der kopernikanischen Welt, 3 Bde., Frankfurt/Main 1981.
Böckelmann, Frank, Über Marx und Adorno. Schwierigkeiten der spätmarxistischen Theorie, Frankfurt/Main 1972.
Brenner, Charles, Grundzüge der Psychoanalyse, Frankfurt/Main 1972.
Bubner, Rüdiger, Dialektik und Wissenschaft, 2. Aufl., Frankfurt/Main 1974.
Bulthaup, Peter, Zur gesellschaftlichen Funktion der Naturwissenschaften, Frankfurt/Main 1973.

Capra, Fritjof, Wendezeit. Bausteine für ein neues Weltbild, 8. Aufl., Bern, München, Wien 1984.
Clemenz, Manfred, Theorie als Praxis? Zur Philosophie und Soziologie Theodor W. Adornos, in: Neue politische Literatur, Frankfurt/Main 1968, Jg. 13, N. 2, S. 178-194.
Cramer, W., Die Monade. Das philosophische Problem vom Ursprung, 1954.

Deleuze, Gilles, Félix Guattari, Rhizom, Berlin 1977.
Dubiel, Helmut, Ich-Identität und Institution, Düsseldorf 1973.
Ders., Wissenschaftsorganisation und politische Erfahrung. Studien zur frühen Kritischen Theorie, Frankfurt/Main 1978.
Durkheim, Emile, Über die Teilung der sozialen Arbeit, Frankfurt/Main 1977.

Ebeling, Hans, Selbsterhaltung und Selbstbewußtsein. Zur Analytik von Freiheit und Tod, Freiburg i. Br. 1979.

Eberle, Friedrich, Bemerkungen zum Erklärungsanspruch der Marxschen Theorie, in: ders.(Hg.), Aspekte der Marxschen Theorie 1. Zur methodischen Bedeutung des 3. Bandes des "Kapital", Frankfurt/Main 1973, S. 363-386.
Einstein, Albert, Über die spezielle und die allgemeine Relativitätstheorie (Gemeinverständlich), 10. Aufl., Braunschweig 1920.
Ders., Mein Weltbild, Frankfurt/Main, Berlin, Wien 1979.
Ders., Sigmund Freud, Warum Krieg?, Zürich 1972.

Feyerabend, Paul, Erkenntnis für freie Menschen. Veränderte Ausgabe, 2. Aufl., Frankfurt/Main 1981.
Fischer, Joschka, Für einen grünen Radikalreformismus, in: Wolfgang Kraushaar (Hg.), Was sollen die Grünen im Parlament?, S. 35-46.
Fontaine, Michael de la; Der Begriff der künstlerischen Erfahrung bei Theodor W. Adorno, Diss., Konstanz 1977.
Freud, Anna, Das Ich und die Abwehrmechanismen, London 1946.
Freud, Sigmund, Drei Abhandlungen zur Sexualtheorie, in: ders., Studienausgabe Bd. V, S. 43-145.
Ders., Abriß der Psychoanalyse; Das Unbehagen in der Kultur, Frankfurt/Main 1979.
Ders., Angst und Triebleben, in: ders., Gesammelte Werke Bd. XV, S. 87-118.
Ders., Zur Einführung des Narzissmus, in: ders., Studienausgabe Bd. III, S. 41-68.
Ders., Metapsychologische Ergänzung der Traumlehre, in: ders., Studienausgabe Bd. III, S. 179-191.
Ders., Hemmung, Symptom und Angst, in: ders., Studienausgabe Bd.VI, S. 233-308.
Ders., Das Ich und das Es, in: ders., Studienausgabe Bd. III, S. 282-330.
Ders., Jenseits des Lustprinzips, in: ders., Studienausgabe Bd. III, S. 217-272.
Ders., Zum ökonomischen Problem des Masochismus, in: ders., Studienausgabe Bd. III, S. 343-354.
Ders., Die psychogene Sehstörung in psychoanalytischer Auffassung, in: ders., Studienausgabe Bd. VI, S. 207-213.
Ders., Studienausgabe Bd. III: Psychologie des Unbewußten, 4. Aufl., Frankfurt/Main 1975.
Ders., Studienausgabe Bd. V: Sexualleben, 4. korrigierte Aufl., Frankfurt/Main 1972.
Ders., Studienausgabe Bd. VI: Hysterie und Angst, 5. korrigierte Aufl., Frankfurt/Main 1971.
Ders., Die Traumdeutung, in: ders., Gesammelte Werke Bd. II/III.
Ders., Triebe und Triebschicksale, in: ders., Studienausgabe Bd.III, S. 81-102.
Ders., Über libidinöse Typen, in: ders., Studienausgabe Bd. V, S. 269-272.
Ders., Das Unbewußte, in: ders., Studienausgabe Bd. III, S. 125-173.
Ders., Der Untergang des Ödipuskomplexes, in: ders., Studienausgabe Bd. V, S. 245-251.
Ders., Über eine Weltanschauung, in: ders., Gesammelte Werke Bd. XV, S. 170-197.
Ders., Geammelte Werke, Bd. II/III: Die Traumdeutung; Über

den Traum, London 1942.
Ders., Gesammelte Werke Bd. XV: Neue Folgen der Vorlesungen zur Einführung in die Psychoanalyse, London 1940.
Ders., Die Zerlegung der psychischen Persönlichkeit, in: ders., Gesammelte Werke Bd. XV, S. 63-86.
Fromm, Erich, Wege aus einer kranken Gesellschaft. Eine sozialpsychologische Untersuchung, 11. Aufl., Frankfurt/Main, Berlin, Wien 1981.

Geyer, Carl-Friedrich; Aporie der Metaphysik und des Geschichtsbegriffs der kritischen Theorie, Darmstadt 1980.
Geyrhofer, Friedrich, Adorno und die Vernunft, Neues Forum, Wien 1969, Jg. 16. H. 188-189, S. 489-491.
Greiff, Bodo v., Gesellschaftsform und Erkenntnisform: Zum Zusammenhang von wissenschaftlicher Erfahrung und gesellschaftlicher Entwicklung, 2. Aufl., Frankfurt/Main, New York 1977.
Grenz, Friedemann, "Die Idee der Naturgeschichte". Zu einem frühen, unbekannten Text Adornos, in: K. Hübner, A. Menne (Hg.), Natur und Geschichte, Hamburg 1973, S. 344-350.
Grossmann, Henryk, Die Wert-Preis-Transformation bei Marx und das Krisenproblem, in: Zeitschrift für Sozialforschung, Jg. 1 1932, S. 55-84.
Guillon, Claude, Yves Le Bonniec, Gebrauchsanleitung zum Selbstmord. Eine Streitschrift für das Recht auf einen frei bestimmten Tod, Frankfurt/Main 1982.
Gurvitch, Georges, Dialektik und Soziologie, Neuwied, Berlin 1965
Guzzoni, Ute, Identität oder nicht. Zur Kritischen Theorie der Ontologie, Freiburg, München 1981.

Haber, Ökologische Bestandsaufnahme, in: Gerhard Olschowy (Hg.), Natur- und Umweltschutz in der Bundesrepublik Deutschland.
Habermas, Jürgen, Theodor W. Adorno. Ein philosophierender Intellektueller, in: ders., Philosophisch-politische Profile, Frankfurt/Main 1981, S. 176-199.
Ders., Soziologische Notizen zum Verhältnis von Arbeit und Freizeit, in: ders., Arbeit, Erkenntnis, Fortschritt. Aufsätze 1954-1970, Amsterdam 1970, S. 56-74.
Ders., Technik und Wissenschaft als Ideologie, 11. Aufl., Frankfurt/Main 1981.
Ders., Theorie des kommunikativen Handelns, 2 Bde., Frankfurt/Main 1981.
Ders., Die Verschlingung von Mythos und Aufklärung. Bemerkungen zur "Dialektik der Aufklärung" - nach einer erneuten Lektüre, in: Karl Heinz Bohrer (Hg.), Mythos und Moderne, Frankfurt/Main 1983, S. 405-431.
Haeckel, Ernst, Anthropogenie oder Entwicklungsgeschichte des Menschen, 5. umgearbeitete und vermehrte Aufl., Leipzig 1903 (1. Aufl. 1877).
Handbuch Philosophischer Grundbegriffe, hrsgg. v. Hermann Krings, Hans Michael Baumgartner u. Christoph Wild, Bd. II, München 1973.
Heinz, Hermann Josef, Negative Dialektik und Versöhnung bei Theodor W. Adorno. Studien zur Aporie der Kritischen Theorie, Diss., Feiburg i. Br. 1975.

Heisenberg, Werner, Physik und Philosophie, Frankfurt/Main, Berlin, Wien 1977.
Hesse, Kurgast, Frankfurt/Main 1977.
Ders., Der Steppenwolf, Frankfurt/Main 1978.
Historisches Wörterbuch der Philosophie, Bd 6, hrsgg. v. J. Ritter.
Horkheimer, Max, Gesellschaft im Übergang. Aufsätze, Reden und Vorträge 1942-1970, 2. Aufl., Frankfurt/Main 1981.
Ders., Geschichte und Psychologie, in: Zeitschrft für Sozialforschung, Jg. 1 1932, S. 125-144.
Ders., Zum Rationalismusstreit in der gegenwärtien Philosophie, in: Zeitschrift für Sozialforschung, Jg. 3 1934, S. 1-53.
Ders., Sozialphilosophische Studien. Aufsätze, Reden und Vorträge 1930-1972, 2. Aufl., Frankfurt/Main 1981.
Ders., Zur Kritik der instrumentellen Vernunft, Frankfurt/Main1967.
Ders., Vernunft und Selbsterhaltung, Frankfurt/Main 1970.

Jay, Martin, The concept of totality in Lukacs and Adorno, in: Telos, 1977, 32, sum., S. 117-137.
Ders., Dialektische Phantasie. Die Geschichte der Frankfurter Schule und des Instituts für Sozialforschung 1923-1950, Frankfurt/Main 1981.
Jeron, Michael, Ich-Entwicklung, in: Wolfgang Mertens (Hg.), Psychoanalyse. Ein Handbuch in Grundbegriffen, München, Wien, Baltimore 1983, S. 49-55.

Kant, Immanuel, Kritik der reinen Vernunft, 2 Bde., 4. Aufl., Frankfurt/Main 1980.
Kerkhoff, Manfred, Die Rettung des Nichtidentischen, in: Philosophische Rundschau, Tübingen 1974, Jg. 20, S. 150-178.
Koehler, Hans-Joachim, Th. W. Adornos Konstruktion einer kritischen Theorie der Gesellschaft, Diss. Berlin 1974.
Kohlberg, Lawrence, Zur kognitiven Entwicklung des Kindes. 3 Aufsätze, Frankfurt/Main 1974.
Kraushaar, Wolfgang, Einleitung, in: ders. (Hg.) Was sollen die Grünen im Parlament?, S. 9-12.
Kuhn, Thomas S., Die Entstehung des Neuen. Studien zur Struktur der Wissenschaftsgeschichte, Frankfurt/Main 1978.

Lasch, Christopher, Das Zeitalter des Narzißmus, München 1982.
Lefévre, Wolfgang, Die zweite Natur und die Naturwissenschaften. Überlegungen zu den Aufgaben der Philosophie in der Diskussion um die Grundlagen der Naturwissenschaften, in: Philosophia naturalis, Bd. 17 (1978), H. , S. 242-253.
Lindner, Burkhardt, W. Martin Lüdke, Kritische Theorie und ästhetisches Interesse: Notwendige Hinweise zur Adorno-Diskussion, in: dies., (Hg.), Materialien zur ästhetischen Theorie Theodor W. Adornos Konstruktion der Moderne, Frankfurt/Main1980, S. 11-37.
Lohmann, Hans, Krankheit oder Entfremdung? Psychische Probleme in der Überflußgesellschaft, Stuttgart 1978.
Lorenz, Konrad, Die Rückseite des Spiegels. Versuch einer Naturgeschichte menschlichen Erkennens, 7. Aufl., München 1984.
Löwenthal, Leo, Mitmachen wollte ich nie . Ein autobiographisches Gespräch mit Helmut Dubiel, Frankfurt/Main 1980.

Lüdke, Martin, Anmerkungen zu einer "Logik der Zerfalls": Adorno - Beckett, Frankfrut/Main 1981.
Luhmann, Niklas, Soziale Systeme. Grundriß einer allgemeinen Theorie, Frankfurt/Main 1984.
Lukács, Georg, Geschichte und Klassenbewußtsein. Studien über materialistische Dialektik, 6. Aufl., Darmstadt, Neuwied 1979.
Ders., Theorie des Romans, Neuwied 1971.

Marcuse, Herbert, Der eindimensionale Mensch. Studien zur Ideologie der fortgeschrittenen Industriegesellschaft, 15. Aufl., Darmstadt, Neuwied 1980.
Ders., Triebstruktur und Gesellschaft. Ein philosophischer Beitrag zu Sigmund Freud, Frankfurt/Main 1980.
Marx, Karl, Friedrich Engels, Werke 23: Das Kapital I, Kritik der politischen Ökonomie, Berlin 1977.
Maurer, Reinhart, Revolution und Kehre. Studien zum Problem gesellschaftlicher Naturbeherrschung, Frankfurt/Main 1975.
Mentzos, Stavros, Abwehrmechanismen, in: Wolfgang Mertens (Hg.), Psychoanalyse. Ein Handbuch in Schlüsselbegriffen, München, Wien, Baltimore 1983.
Miller, Alice, Das Drama des begabten Kindes und die Suche nach dem wahren Selbst, Frankfurt/Main 1983.
Mirbach, Thomas, Kritik der Herrschaft. Zum Verhältnis von Geschichtsphilosophie, Ideologiekritik und Methodenreflexion in der Gesellschaftstheorie Adornos, Frankfurt/Main, New York 1979.
Mitscherlich, Alexander, Auf dem Weg zur vaterlosen Gesellschaft, München 1983.
Moscovici, Serge, Society against nature, Atlantic Highlands New Jersey 1976.
Mumford, Lewis, Mythos der Maschine. Kultur, Technik und Macht, Frankfurt/Main 1980

Neue Wege in der Sozialisationsforschung, hrsgg. v. Heinz Walter, Stuttgart 1973.
Newton, Isaac, Mathematische Prinzipien der Naturlehre, Darmstadt 1963 (Berlin 1872).
Nietzsche, Friedrich, Der Wille zur Macht, in: ders., Werke in vier Bänden Bd. II, Wien 1980.

Offe, Claus, Griff nach der Notbremse, in: Wolfgang Kraushaar (Hg.), Was sollen die Grünen im Parlament?, S. 85-92.
Ders., Technik und Eindimensionalität. Eine Version der Technokratiethese?, in Jürgen Habermas (Hg.), Antworten auf Herbert Marcuse, 5. Aufl., Frankfurt/Main 1968, S. 73-88.

Pettazzi, Carlo, Studien zu Leben und Werk Adornos bis 1938, in: Heinz Ludwig Arnold, Thedor W. Adorno, Text+Kritik (Sonderband), München 1977, S. 180-191.
Philosophisches Wörterbuch, 20. neubearbeitete Aufl., hrsgg. v. Heinrich Schmidt, Stuttgart 1978
Platon, Parmenides, Hamburg 1972.
Prigogine, Ilya, Dialog mit der Natur. Neue Wege naturwissenschaftlichen Denkens, München 1981.

Rath, Norbert, Adornos Kritsche Theorie. Vermittlungen und Ver-

mittlungsschwierigkeiten, Paderborn, München, Wien, Züirch 1982.
Reijen, Wilhelm van, Adorno zur Einführung, Hannover 1980.
Reimann, Bruno W., Psychoanalyse und Gesellschaftskritik, Darmstadt, Neuwied 1973.
Richter, Ulrich, Der unbegreifbare Mythos - Musik als Praxis Negativer Dialektik. Eine philosophische Abhandlung zur Schönberg-Interpretation Theodor W. Adornos, Köln 1974.

Scheible, H., Geschichte im Stillstand. Zur Ästhetischen Theorie Theodor W. Adornos, in: H. L. Arnold (Hg.), Theodor W. Adorno, Text+Kritik (Sonderband), S. 92-118.
Schülein, Johann August, Das Gesellschaftsbild der Freudschen Theorie, 2. Aufl., Frankfurt/Main, New York 1982.
Schumacher, Joachim, Die Angst vor dem Chaos. Über die falsche Apokalypse des Bürgertums, Frankfurt/Main 1978.
Schweppenhäuser, Hermann, Zur Dialektik des Engagements, in: M. Greiffenhagen (Hg.), Emanziption, Hamburg 1973.
Sloterdijk, Peter, Kritik der zynischen Vernunft, 2 Bde., Frankfurt/Main 1983.
Sohn-Rethel, Alfred, Die Formcharaktere der zweiten Natur, in: P. Brückner u. a., Das Unvermögen der Realität. Beiträge zu einer materialistischen Ästhetik, Berlin 1974, S. 185-207.
Sonnemann, Ulrich, Negative Anthropologie, Hamburg 1969.
Sozialforschung als Kritik. Zum sozialwissenschaftlichen Potential der Kritischen Theorie, hrsgg. v. Wolfgang Bonß u. Axel Honneth, Frankfurt/Main 1982.
Stein, Recht des Natur- und Umweltschutzes, in: G. Olschowy (Hg.), Natur- und Umweltschutz in der Bundesrepublik Deutschland.
Stugren, B., Grundlagen der allgemeinen Ökologie, Jena 1972.

Tiedemann, Rolf, Studien zur Philosophie Walter Benjamins, Frankfurt/Main 1973.
Tomberg, Friedrich, Utopie und Negation, in: Das Argument, 26, 1963, Juli-H., S. 36-48.

Über Theodor W. Adorno. Mit Beitr. v. Kurt Oppens, Hans Kudszus u. a., Frankfurt/Main 1968.
Ulrich, Otto, Weltniveau. In der Sackgasse des Industriesystems, Fulda 1979.

Veränderung der Gesellschaft. Sechs konkrete Utopien, hrsgg. v. Hendrik Bussiek, Frankfurt/Main 1970.
Vester, Frederik, Vernetzte Systeme, in: G. Olschowy (Hg.), Natur- und Umweltschutz in der Bundesrepublik Deutschland.

Was sollen die Grünen im Parlament?, hrsgg. v. Wolfgang Kraushaar, Frankfurt/Main 1983.
Weber, Max, Die protestantische Ethik, 6. Aufl., Tübingen 1981.
Ders., Wirtschaft und Gesellschaft, Köln 1964.
Weizsäcker, Carl F. v., Die Einheit der Natur, München 1971
Wetzel, Manfred, Gesellschaft als System menschlicher Praxis: kategoriale und wissenschaftstheoretische Grundlagen einer Theorie der Gesellschaft, Hamburg 1974.

Zeitschrift für Sozialforschung, Bde. 1-9 (1932-1941), hrsgg. v. Max Horkheimer, photomech. Nachdruck, München 1980.
Zeugnisse. Theodor W. Adorno zum sechzigsten Geburtstag, hrsgg. v. Max Horkheimer, Frankfurt/Main 1963.

Gegen Verführung

1

Laßt euch nicht verführen!
Es gibt keine Wiederkehr.
Der Tag steht in den Türen;
Ihr könnt schon Nachtwind spüren:
Es gibt kein Morgen mehr.

2

Laßt euch nicht betrügen!
Daß Leben wenig ist.
Schlürft es in schnellen Zügen!
Es wird euch nicht genügen
Wenn ihr es lassen müßt!

3

Laßt euch nicht vertrösten!
Ihr habt nicht zu viel Zeit!
Laßt Moder den Erlösten!
Das Leben ist am größten:
Es steht nicht mehr bereit.

4

Laßt euch nicht verführen
Zu Fron und Ausgezehr!
Was kann euch Angst noch rühren?
Ihr sterbt mit allen Tieren
Und es kommt nichts nachher.

Bertolt Brecht